JN044062

学ぶ人は、変えてゆく人だ。

目の前にある問題はもちろん、

人生の問いや、

社会の課題を自ら見つけ、

挑み続けるために、人は学ぶ。

「学び」で、

少しずつ世界は変えてゆける。

いつでも、どこでも、誰でも、

学ぶことができる世の中へ。

旺文社

DAILY **3** 週間

英検®準**2**級
集中ゼミ

[7訂版]

※本書の内容は，2024年4月時点の情報に基づいています。実際の試験とは異なる
　場合があります。受験の際は，英検ウェブサイト等で最新情報をご確認ください。
※本書は，『DAILY3週間 英検準2級 集中ゼミ［6訂版］』の収録問題を，2024年度
　の問題一部リニューアルの試験形式に合わせて，問題追加・再編集したものです。

旺文社

は じ め に

英検の一次試験まで，あと何日ですか？
一次試験突破のためには，試験本番までの学習計画をしっかり立てることが大事です。

　本書は，3週間で英検準2級の一次試験突破を目指す問題集です。1日に取り組む範囲がきっちり決まっているので，学習計画が立てやすくなっています。最終日の模擬テストをのぞき，1日に必要な時間は30分程度。毎日の生活の中で，無理なく英検対策ができます。

　みなさんが，この本を手に取った今日が「集中ゼミ」のスタートです。これから始まる3週間の学習のイメージができあがったら，早速，1日目の学習に取り組みましょう！

　最後に，本書を刊行するにあたり，多大なご尽力をいただきました桐朋中学校・高等学校 秋山安弘先生に深く感謝の意を表します。

旺 文 社

も く じ

本書の構成と利用法…………………………………………………………………………… 4
付属サービスについて ………………………………………………………………………… 6
英検準2級の問題を知ろう …………………………………………………………………… 8
英検について …………………………………………………………………………………10

基 礎 編

1 日目	筆記1	短文の語句空所補充問題を攻略！①（単語）………………………… 12
2 日目	筆記1	短文の語句空所補充問題を攻略！②（熟語）………………………… 18
3 日目	筆記2	会話文の空所補充問題を攻略！① ……………………………………… 24
4 日目	筆記3	長文の語句空所補充問題を攻略！①…………………………………… 30
5 日目	筆記4	長文の内容一致選択問題を攻略！①…………………………………… 34
6 日目	筆記5	Eメール問題を攻略！① ………………………………………………… 44
7 日目	筆記6	英作文問題を攻略！① …………………………………………………… 52

8 日目	リスニング第1部	会話の応答文選択問題を攻略！①	…………	58
9 日目	リスニング第2部	会話の内容一致選択問題を攻略！①	…………	66
10 日目	リスニング第3部	文の内容一致選択問題を攻略！①	…………	76

応用編

11 日目	筆記1	短文の語句空所補充問題を攻略！③（単語）	…………	88
12 日目	筆記1	短文の語句空所補充問題を攻略！④（熟語）	…………	94
13 日目	筆記2	会話文の空所補充問題を攻略！②	…………	100
14 日目	筆記3	長文の語句空所補充問題を攻略！②	…………	106
15 日目	筆記4	長文の内容一致選択問題を攻略！②	…………	112
16 日目	筆記5	Eメール問題を攻略！②	…………	124
17 日目	筆記6	英作文問題を攻略！②	…………	132
18 日目	リスニング第1部	会話の応答文選択問題を攻略！②	…………	138
19 日目	リスニング第2部	会話の内容一致選択問題を攻略！②	…………	146
20 日目	リスニング第3部	文の内容一致選択問題を攻略！②	…………	156
21 日目	実力完成模擬テスト		…………	166

| 二次試験・面接　面接試験を攻略！ | ………… | 214 |

執　　　　筆：秋山安弘（桐朋中学校・高等学校），株式会社CoCo，
　　　　　　　Ed Jacob，株式会社シー・レップス，Richard Knobbs
編 集 協 力：株式会社シー・レップス，久島智津子，Sarah Matsumoto
装丁デザイン：内津 剛（及川真咲デザイン事務所）
本文デザイン：株式会社ME TIME（大貫としみ）
イ ラ ス ト：有限会社アート・ワーク
組　　　　版：株式会社 創樹
録　　　　音：ユニバ合同会社
ナレーション：Ryan Drees, Julia Yermakov，大武芙由美

本書の構成と利用法

本書は，英検準2級の一次試験に合格するために必要な力を21日間で身につけられるように構成されています。

＼ 赤セルシートつき ／
暗記に使える赤セルシートがついています。ポイントとなる重要事項を覚えたり，解説中の訳や解答を隠して学習したりする際にお使いください。

 ～ 基礎編 ／ ～ 20日目 応用編

1日の学習は，問題形式ごとに解き方のポイントを解説するページと，そこで学んだことを実践する練習問題のページで構成されています。

---例題---
実際の試験と同じ形式の問題を使ってポイントを解説します。

---よく出る単熟語---
ページ下では，準2級合格に必須となる重要単熟語を紹介しています。

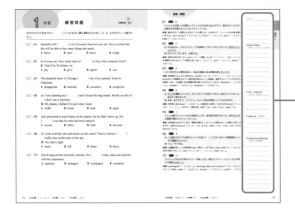

---NOTES欄---
重要表現などを取り上げています。自分でも問題の中のわからなかった単語などを調べて，自分だけのノートを作りましょう。

21日目 実力完成模擬テスト

最終日は総まとめの模擬テストで，本番の一次試験と同じ所要時間（筆記80分・リスニング約25分）です。時間を計って解いてみましょう。

＼ 公式アプリ「学びの友」対応 ／
カンタンに自動採点ができ，自分の学習履歴を残すことができます。
詳しくはp.7をご覧ください。

二次試験・面接試験を攻略！

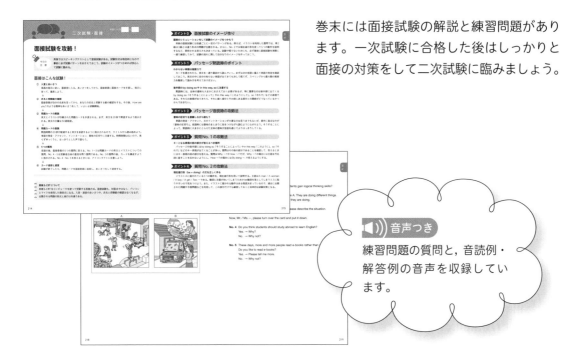

巻末には面接試験の解説と練習問題があります。一次試験に合格した後はしっかりと面接の対策をして二次試験に臨みましょう。

📢 音声つき
練習問題の質問と，音読例・解答例の音声を収録しています。

※本書に掲載されている英文の内容は，最新の情報でないものや架空のものを含む場合があります。ご了承ください。

付属サービスについて

リスニング・面接の音声を聞く

●収録内容

付属音声に対応した箇所は，本書では のように示してあります。

8日目	リスニング第1部	例題・練習問題
9日目	リスニング第2部	例題・練習問題
10日目	リスニング第3部	例題・練習問題
18日目	リスニング第1部	例題・練習問題
19日目	リスニング第2部	練習問題
20日目	リスニング第3部	例題・練習問題
21日目	実力完成模擬テスト	リスニング第1部〜第3部
二次試験・面接	練習問題	

公式アプリ「英語の友」（iOS/Android）で聞く

❶ 「英語の友」公式サイトより，アプリをインストール

https://eigonotomo.com/	🔍 英語の友　　検索

▶ 右の2次元コードからもアクセスできます。

❷ アプリ内のライブラリより本書を選び，「追加」ボタンをタップ

▶ 本アプリの機能の一部は有料ですが，本書の音声は無料でお聞きいただけます。
▶ 詳しいご利用方法は「英語の友」公式サイト，あるいはアプリ内ヘルプをご参照ください。
▶ 本サービスは予告なく終了することがあります。

パソコンに音声データ（MP3）をダウンロードして聞く

❶ 次のURLにアクセス

https://eiken.obunsha.co.jp/p2q/

❷ 本書を選択し，利用コードを入力してWeb特典サイトへ

利用コード：　**hweani**　（全て半角アルファベット小文字）

❸ 「音声データダウンロード」からファイルをダウンロードし，展開してからオーディオプレーヤーで再生

音声ファイルはzip形式にまとめられた形でダウンロードされます。展開後，デジタルオーディオプレーヤーなどで再生してください。

▶ 音声の再生にはMP3を再生できる機器などが必要です。
▶ ご利用機器，音声再生ソフト等に関する技術的なご質問は，ハードメーカーまたはソフトメーカーにお願いいたします。
▶ 本サービスは予告なく終了することがあります。

「実力完成模擬テスト」をアプリで学習する

本書21日目の「実力完成模擬テスト」（p.166）を，公式アプリ「学びの友」でカンタンに自動採点することができます。（ライティングは自己採点です）

- 便利な自動採点機能で学習結果がすぐにわかる
- 学習履歴から間違えた問題を抽出して解き直しができる
- 学習記録カレンダーで自分のがんばりを可視化

❶ 「学びの友」公式サイトより，アプリをインストール

 https://manatomo.obunsha.co.jp/ 🔍 学びの友 検索

▶ 右の2次元コードからもアクセスできます。

❷ アプリを起動後，「旺文社まなびID」に会員登録

▶ 会員登録は無料です。

❸ アプリ内のライブラリより本書を選び，「追加」ボタンをタップ

▶ アプリの動作環境については「学びの友」公式サイトをご参照ください。なお，本アプリは無料でご利用いただけます。
▶ 詳しいご利用方法は「学びの友」公式サイト，あるいはアプリ内ヘルプをご参照ください。
▶ 本サービスは予告なく終了することがあります。

英検準2級の問題を知ろう

3週間の学習を始める前に，英検準2級一次試験（筆記とリスニング）・二次試験（面接）の問題形式と特徴を把握しておきましょう。準2級のレベルの目安は「高校中級程度」です。下の説明とあわせて，実力完成模擬テスト（p.166〜）で実際の問題形式を見てみましょう。

✔ 筆 記 (80分)

問 題	形 式	問題数	目標解答時 間
1	**短文の語句空所補充** 短文または会話文の空所に入る適切な語句を選ぶ。毎回ほぼ単語10問，熟語5問の内訳で構成されている。	15問	9分

➡ 筆記1の問題を見てみよう 📖 p.166〜167

2	**会話文の空所補充** 2往復または4往復の会話文の空所に入る適切な文や語句を選ぶ。	5問	8分

➡ 筆記2の問題を見てみよう 📖 p.168〜169

3	**長文の語句空所補充** 長文（ある人物に関する文章）の空所に最適な語句を補充する。	2問	8分

➡ 筆記3の問題を見てみよう 📖 p.170

4	**長文の内容一致選択** [A][B]2つの長文の内容に関する質問に答える。[A]（Eメール），[B]（科学的・社会的記事）の2つの長文が出題される。	7問	20分

➡ 筆記4の問題を見てみよう 📖 p.172〜175

5	**Eメール問題** メール文に対して，下線部の特徴を問う2つの質問と，相手の質問に対する答えを含む返信を40〜50語の英文でまとめる。	1問	15分

➡ 筆記5の問題を見てみよう 📖 p.176

6	**英作文問題** 与えられたQUESTIONに対して，自分の意見と2つの理由を50〜60語の英文でまとめる。	1問	20分

➡ 筆記6の問題を見てみよう 📖 p.177

リスニング（約25分）

問　題	形　式	問題数	放送回数
第1部	**会話の応答文選択** 放送される会話の最後の発話に対する応答として最も適切なものを3つの選択肢から選ぶ。選択肢は問題冊子に印刷されていない。	10問	1回

➡ リスニング第1部の問題を見てみよう 📖 p.178

問　題	形　式	問題数	放送回数
第2部	**会話の内容一致選択** 放送される会話の内容に関する質問に対して最も適切な答えを4つの選択肢から選ぶ。	10問	1回

➡ リスニング第2部の問題を見てみよう 📖 p.178〜179

問　題	形　式	問題数	放送回数
第3部	**文の内容一致選択** 放送される短いパッセージの内容に関する質問に対して最も適切な答えを4つの選択肢から選ぶ。	10問	1回

➡ リスニング第3部の問題を見てみよう 📖 p.180〜181

一次試験に合格したら

 面　接（約6分）

問　題	形　式
音 読	問題カードに掲載されたパッセージ（50語程度）を音読する。
No.1	問題カードに掲載されたパッセージについての質問に答える。
No.2	問題カードに掲載されたイラスト内の人物の行動を描写する。
No.3	問題カードに掲載されたイラスト内の人物の状況を説明する。
No.4	問題カードのトピックに関連した質問に答える。
No.5	日常生活に関連した質問に答える。問題カードのトピックに関連しない質問も含む。

➡ 二次試験・面接の流れとポイントは 📖 p.214

英検について

英検（従来型）申し込み方法

個人受験の申し込み方法は次の3種類から選ぶことができます。

インターネット申し込み	英検ウェブサイトから直接申し込む。検定料は，クレジットカード，コンビニ，郵便局ATMのいずれかで支払う。
コンビニ申し込み	コンビニの情報端末機で必要な情報を入力し，「申込券」が出力されたら検定料をレジで支払う。
特約書店申し込み	全国の英検特約書店で願書を入手し，書店で検定料を支払う。「書店払込証書」と「願書」を英検協会へ郵送。

▶各申し込み方法の詳細については，英検ウェブサイトをご確認ください。また，申し込み方法は変更になる場合があります。

▶個人受験とは異なり，学校や塾などで申し込みをする「団体受験」もあります。詳しくは学校の先生・担当の方にお尋ねください。

英検 S-CBT
英検 S-CBT はコンピュータを使って受験する実施方式で，試験日程や申し込み方法などが従来型と異なります。詳しくは英検ウェブサイトをご確認ください。
※英検 S-CBT の問題形式や難易度，級認定は従来型と同じです。

 お問い合わせ先

公益財団法人 日本英語検定協会

英検ウェブサイト **www.eiken.or.jp**

英検サービスセンター　03-3266-8311　※平日9：30〜17：00（土・日・祝日を除く）

※本書に掲載されている情報は2024年4月現在のものです。試験に関する情報は変更になる場合がありますので，受験の際は必ず英検ウェブサイトで最新の情報をご確認ください。

基礎編

1日目

▼

10日目

基礎編にあたる前半10日間では，英検準2級一次試験の問題形式を1つずつ正確に把握し，おさえるべき基本のポイントを確認することを目標にします。1日ずつ確実に進め，自分が苦手なところはどこなのかを発見しましょう。

1日目

短文の語句空所補充問題を攻略！①（単語）

今日の目標　筆記1は，短文や対話文の空所に入る適切な語を選ぶ問題。全15問のうち，最初の10問が単語の問題である。毎回の出題は，動詞4問・名詞4問・形容詞と副詞が2問程度。今日は，単語問題の基本的な解き方と頻出基本単語をおさえよう。

▶ポイント1　問題文の意味を大まかに把握し，空所前後に着目

　問題を見たら，次の手順で考えていこう。

① 問題文全体をさっと読み，文脈から空所部分の意味を予測する
② 選択肢の品詞を確認し，それぞれ以下に示した語句に着目して正解の候補を選ぶ
　　動詞の場合 … 空所直後の名詞（目的語）や副詞（句）
　　名詞の場合 … 空所前の形容詞（修飾語）や前後の動詞
　　形容詞・副詞の場合 … 空所後の名詞や前後の動詞など（被修飾語）
③ 空所に選んだ語を入れて，全体の意味が通ることを確認する

例題

Jeff says that more people should move to the countryside to live a healthy life, but Sally can't agree with his (　　　　).

1 message　　　　**2** opinion　　　　**3** gesture　　　　**4** truth

解説　まず全体をさっと読み，「ジェフは〜と言っているが，サリーは彼の…に賛成できない」という意味であることを大まかにつかむ。次に4つの選択肢を眺め，いずれも名詞なので空所直前にあるhisに着目する。「彼の意見」に賛成できないということだと考えて，**2**のopinion「意見」を候補に選ぶ。最後に，ジェフの意見とは「健康的な生活を送るために田舎へ引っ越すべき」ということだと考えれば全体の意味が通るので，正解は**2**。message「伝言」，gesture「身ぶり」，truth「真実」。

訳　健康的な生活を送るためにもっと多くの人が田舎に引っ越すべきだとジェフは言うが，サリーは彼の<u>意見</u>に賛成できない。

解答：**2**

---

　let 動 （let O do で）O に〜させる　　decide 動 〜を決心する　　train 動 〜を訓練する

ポイント2　基本頻出単語をおさえる

　過去に出題された基本頻出単語をおさえよう。準2級では，excuse「言い訳」，turn「順番」，stand「〜に耐える」など，基本語の意外な意味が出題されやすい。また，形容詞はsharp pain「激しい痛み」，strong coffee「濃いコーヒー」，heavy traffic「激しい交通（量）」のように，名詞とセットにして覚えるのがコツである。

動詞

□ apologize	謝る	□ notice	（〜に）気づく
□ bend	〜を曲げる	□ offer	〜を申し出る，提供する
□ chew	（食べ物など）をかむ	□ pour	〜を注ぐ
□ control	〜を統制する，支配する	□ publish	〜を出版する
□ cost	（費用）がかかる	□ quit	〜をやめる
□ damage	〜に損害を与える	□ recognize	〜を認識する
□ earn	〜を稼ぐ	□ recycle	（〜を）リサイクルする
□ exchange	〜を交換する	□ remind	（人）に思い出させる
□ explain	（〜を）説明する	□ share	〜を分け合う，共有する
□ feed	（動物など）にえさをやる	□ stand	〜に耐える

名詞

□ activity	活動	□ instrument	道具，楽器
□ angle	角度，角	□ opinion	意見
□ argument	議論，口げんか	□ order	注文，命令，順序
□ closet	物置，クローゼット	□ profit	利益，収益
□ condition	状態，条件	□ purpose	目的
□ discount	値引き，割引	□ secret	秘密，秘訣
□ disease	病気	□ surface	表面
□ excuse	言い訳	□ traffic	交通
□ experience	経験	□ turn	順番
□ generation	世代	□ view	眺め

形容詞・副詞

□ empty	空っぽの	□ heavy	重い，（交通が）激しい
□ especially	特に	□ narrow	（幅が）せまい
□ eventually	ついに，結局は	□ separately	別々に
□ exactly	正確に	□ strong	強い，（コーヒーなどが）濃い

次のページからは練習問題。ここで学んだことを使って問題を解いてみよう！

次の(1)から(14)までの (　　　　) に入れるのに最も適切なものを1，2，3，4の中から一つ選びなさい。

☐☐ **(1)** Michelle will (　　　　) a lot of money from her new job. She is excited that she will be able to buy many things she needs.

1 throw **2** earn **3** leave **4** weigh

☐☐ **(2)** *A:* Excuse me. How much does it (　　　　) to have this computer fixed?
B: That'll be 50 dollars, sir.

1 pay **2** give **3** spend **4** cost

☐☐ **(3)** The beautiful snow in Chicago (　　　　) me of my parents' home in Hokkaido.

1 disappoints **2** reminds **3** considers **4** recognizes

☐☐ **(4)** *A:* I was cleaning my (　　　　) and I found this bag inside. Would you like it? I don't use it anymore.
B: Oh, thanks, Gillian! It's just what I need.

1 width **2** closet **3** cash **4** angle

☐☐ **(5)** John promised to meet Nancy at the station, but he didn't show up. His (　　　　) was that his train had been delayed.

1 excuse **2** effect **3** truth **4** discount

☐☐ **(6)** *A:* Look at all the cars and trucks on this street! There is always (　　　　) traffic here at this time of the day.
B: Yes, that's right.

1 many **2** full **3** sharp **4** heavy

☐☐ **(7)** David enjoyed the university seminar. He (　　　　) many ideas and opinions with his classmates.

1 repaired **2** arranged **3** exchanged **4** contained

解答・解説

(1) 解答 **2**

ミッシェルは新しい仕事をしてたくさんのお金を**稼ぐ**だろう。彼女はたくさんの必要なものを買えることにわくわくしている。

解説 後半の文に「必要なものをたくさん買える」とあるので，ミッシェルはお金を稼ぐと考える。earn money で「お金を稼ぐ」。throw「～を投げる」，leave「～を残す」，weigh「～の重さがある」。

(2) 解答 **4**

A: すみません。このコンピュータを修理してもらうのにどのくらい**費用がかかります**か。

B: 50 ドルでございます，お客さま。

解説 空所を含む文は〈It + cost (＋人) ＋金額＋ to *do*〉「～するのに（金額）がかかる」の金額を How much ～? で尋ねた形。pay「～を支払う」，give「～を与える」，spend「～を費やす」。

(3) 解答 **2**

シカゴのきれいな雪を見ると，私は北海道にある両親の家を**思い出す**。

解説 空所後の me と of に注目する。〈remind + 人 + of ～〉で「（人）に～を思い出させる」。remind はこの問題文のように無生物主語をよくとる動詞。直訳すると「シカゴのきれいな雪は，私に，北海道にある両親の家を思い出させる」となる。disappoint「～を失望させる」，consider「～を熟考する」，recognize「～を認識する」。

(4) 解答 **2**

A: **押入れ**を掃除していたら，中でこのバッグを見つけたわ。あなたにどうかしら。私はもう使わないわ。

B: まあ，ありがとう，ジリアン。ちょうど私が必要としているものだわ。

解説 空所前にある clean「～を掃除する」と意味的に自然につながるのは closet「押入れ，物置，クローゼット」なので，正解は **2**。width「幅」，cash「現金」，angle「角」。

(5) 解答 **1**

ジョンは駅でナンシーと会う約束をしたが，彼は姿を現さなかった。彼の**言い訳**は電車が遅れたということだった。

解説 空所後の that 以下にある「電車が遅れた」はジョンが現れなかった理由と考えられるので，空所には excuse「言い訳，弁解」が入る。effect「効果，影響」，truth「真実」，discount「割引」。

(6) 解答 **4**

A: この通りのすべての車やトラックを見て！　ここでは1日のこの時間帯はいつも交通量が**多い**んだ。

B: うん，そうだね。

解説 交通量が多いことを形容詞 heavy で表すことができる。heavy traffic「激しい交通（量）」の形で覚えておこう。many「多い」，full「いっぱいの」，sharp「鋭い」。

(7) 解答 **3**

デイビッドはその大学のセミナーを楽しんだ。彼はクラスメートとたくさんの考えや意見を**交換した**。

解説 exchange は「～を交換する」。exchange ideas and opinions で「考えや意見を交換する」である。repair「～を修理する」，arrange「～を手配する」，contain「～を含む」。

NOTES

□ have O *done*
　O を～してもらう，～される

□ not ～ anymore
　もはや～ではない

□ show up　姿を現す

□ at this time of the day
　1日のこの時間帯

1
日
目

筆記
1

repair 動 ～を修理する　wait 動 待つ　change 動 ～を変える

☐☐ **(8)** **_A:_** What kind of books do you like, Mick?

_B:_ I read many kinds of books, but I (　　　　) like adventure stories.

1 quietly　　　　**2** especially　　　　**3** accidentally　　**4** endlessly

☐☐ **(9)** **_A:_** Mr. Higgins, did your company sell a lot of your new products?

_B:_ Yes. We've made a large (　　　　) this year.

1 honor　　　　**2** license　　　　**3** rumor　　　　**4** profit

☐☐ **(10)** Although it was difficult for Linda to talk to sick people, working as a volunteer at the hospital was a great (　　　　) for her.

1 business　　　**2** accident　　　**3** experience　　**4** competition

☐☐ **(11)** **_A:_** Do you know why Carol was upset at the party when I talked about James?

_B:_ Well, I don't know. She is keeping it a (　　　　).

1 project　　　　**2** method　　　　**3** memory　　　　**4** secret

☐☐ **(12)** The (　　　　) of this English camp is to improve your English skills and learn more about foreign cultures.

1 purpose　　　　**2** position　　　　**3** freedom　　　　**4** courage

☐☐ **(13)** **_A:_** Mike, you should (　　　　) your cookies with your sister.

_B:_ I don't want to, Mom. I bought them just for myself.

1 unite　　　　**2** guide　　　　**3** train　　　　**4** share

☐☐ **(14)** **_A:_** Lisa, is Kate still angry with me?

_B:_ Well, I guess so. You should (　　　　) to her for forgetting about her birthday.

1 imagine　　　　**2** apologize　　　　**3** complain　　　　**4** describe

　　check 動 （〜を）確かめる　　build 動 〜を建てる　　worry 動 心配する

解答・解説

(8) 解答 **2**

A: どんな種類の本が好きなの，ミック？

B: いろいろな種類の本を読むけれど，**特に**冒険ものが好きだね。

解説 「いろいろな本を読むけれど，～冒険ものが好き」という文脈なので，especially「特に」が正解。quietly「静かに」，accidentally「偶然に」，endlessly「果てしなく」。

□ adventure　冒険

(9) 解答 **4**

A: ヒギンズさん，あなたの会社では新製品がたくさん売れましたか。

B: はい。今年は大きな<u>利益</u>が出ました。

解説 Aは会社の新製品の販売状況について尋ねて，Bは「大きな利益が出た」と答えたと考えて，profit「利益」を選ぶ。honor「名誉」，license「免許」，rumor「うわさ」。

□ product　製品
□ make a profit
　利益を出す

(10) 解答 **3**

病気の人に話しかけるのはリンダにとって大変だったが，病院でボランティアとして働いたことは彼女にとってすばらしい<u>経験</u>となった。

解説 リンダが「病院でボランティアとして働いたこと」はリンダのexperience「経験」だと考える。business「商売」，accident「事故」，competition「競争」。

(11) 解答 **4**

A: パーティーで私がジェームズについて話したとき，キャロルが動揺したのはなぜだかわかる？

B: うーん，わからないわ。彼女，それを<u>秘密</u>にしているのよ。

解説 BのI don't knowから，キャロルはその理由をBに話していないことがわかる。よって，正解はsecret「秘密」。project「企画」，method「方法」，memory「記憶」。

□ keep O C
　OをCにしておく

(12) 解答 **1**

この英語合宿の<u>目的</u>は，英語の技能をのばすことと外国文化についてもっと知ることである。

解説 「英語の技能をのばすことと外国文化についてもっと知ること」は英語合宿のpurpose「目的」だと考える。position「位置」，freedom「自由」，courage「勇気」。

□ camp　合宿
□ improve　～を改善する

(13) 解答 **4**

A: マイク，姉［妹］とクッキー**を分け合わ**なければいけないよ。

B: いやだよ，お母さん。それは自分だけのために買ったんだもの。

解説 マイクは最後に「クッキーは自分だけのために買った」と言っていることから，母親は彼にそれを姉［妹］と分けるように言っていると考えて，share「～を分け合う」を選ぶ。unite「～を一体化する」，guide「～を案内する」，train「～を訓練する」。

(14) 解答 **2**

A: リサ，ケイトはまだ僕のこと怒っている？

B: ええ，そのようね。彼女の誕生日を忘れていたことについて彼女に<u>謝る</u>べきよ。

解説 怒っているケイトに対してすべきことはapologize「謝る」。〈apologize + to + 人 + for ～〉の形で，「～のことを（人）に謝る」。imagine「～を想像する」，complain「不平を言う」，describe「～を描写する」。

I guess so. はI think so. よりもくだけた言い方で「そのようだね」という意味。

plant 動 ～を植える　　practice 動 （～を）練習する　　care 動 気にかける

短文の語句空所補充問題を攻略！②（熟語）

今日の目標　筆記1の後半5問は熟語である。今日は熟語問題の基本的な解き方と，過去に出題された頻出重要熟語をおさえよう。熟語は，同意・反意表現などの関連表現もあわせて覚えていくのがコツ。

▶ ポイント1　空所前後の動詞・前置詞に注目

1日目の単語問題と同様に，次の手順で解いていこう。
① 問題文全体を大まかに読み，文脈から空所部分の意味を予測する
② 選択肢に注目して，空所前後の語とあわせて熟語が作れそうなものを選ぶ
③ 最後にその語を空所に入れて，全体の意味がきちんと通るかを確認する

例題

I had been thinking about our new project for two weeks, but I couldn't
(　　　　) up with a good idea.

1 put　　　**2** keep　　　**3** come　　　**4** make

解説　まず，全体をさっと読み「新しいプロジェクトについて2週間考えていたが，〜できなかった」という文脈であることを確認しよう。次に空所の後にup withが続くことに着目し，これとあわせて選択肢にある動詞と熟語が作れないかどうか考える。put up with 〜は「〜に耐える」，keep up with 〜は「〜に遅れずについていく」，come up with 〜は「〜を思いつく」，make up with 〜は「〜と仲直りする」（ちなみにいずれも重要熟語なのでおさえておこう）。この中で後ろにあるa good ideaと意味的に自然につながるのはcome up with 〜なので，正解は**3**。最後に，全体の意味が「新しいプロジェクトについて考えていたが，いい考えが思いつかなかった」となり，意味が通ることを確認する。

訳　私は新しいプロジェクトについて2週間考えていたが，いいアイデアを思いつくことができなかった。

解答：**3**

▶ ポイント2　よく出る熟語をおさえる

過去に出題された熟語を「動詞を中心とした熟語」と「その他」に分けて右ページでリストに示した。depend on 〜と類似表現のrely on 〜を一緒に覚えるなど，1つの表現からいくつかの表現を関連付けて覚えていくとボキャブラリーの幅が広がる。

動詞を中心とした熟語

☐ be out of order	故障している
☐ believe in ～	～の存在を信じる, 信仰する
☐ burst into laughter	突然に笑い出す　参考 burst into tears「突然に泣き出す」
☐ catch up with ～	～に追いつく　参考 keep up with ～「～に遅れずについていく」
☐ come across ～	～に偶然出会う（≒ run across ～）
☐ come true	実現する　参考 Your dream will come true.「君の夢は実現するだろう」
☐ come up with ～	～を思いつく
☐ depend on ～	～に依存する（≒ rely on ～, count on ～）
☐ fall asleep	（ぐっすり）寝入る
☐ get along [on] (with ～)	（～と）うまくやる
☐ get over ～	～から立ち直る, ～を克服する（≒ overcome）
☐ get rid of ～	～を取り除く
☐ go with ～	～と調和する
☐ hear from ～	～から連絡をもらう
☐ hold on	電話を切らないでおく, 少し待つ
☐ keep an eye on ～	～から目を離さない, ～を見守る（≒ watch）
☐ pick up ～	（人）を車で迎えに行く
☐ play a role [part] (in ～)	（～において）役割を果たす
☐ put off ～	～を延期する（≒ postpone）
☐ run out of ～	～を使い果たす
☐ take off	離陸する　参考 land「着陸する」
☐ take place	起こる（≒ happen, occur）
☐ turn down ～	～を断る（≒ reject, refuse）

その他

☐ after all	結局のところ
☐ as usual	いつも通りに
☐ at (the) most	せいぜい, 多くとも　参考「少なくとも」は at least
☐ by chance	偶然に（≒ by accident）
☐ for fun	遊びで
☐ on purpose	わざと
☐ on time	時間どおりに

次のページからは練習問題。ここで学んだことを使って問題を解いてみよう！

次の(1)から(14)までの(　　　　　)に入れるのに最も適切なものを1，2，3，4の中から一つ選びなさい。

□□ **(1)** While Henry was walking downtown, he (　　　　　) a new café. It looked very nice, so he decided to have tea there.

    1 came across   **2** filled out   **3** handed in   **4** put on

□□ **(2)** *A:* Sam, can you (　　　　　) the dog? I think he might eat our roast pork.
    B: OK, Dad. I'll make sure he doesn't eat any.

    1 make a decision on   **2** keep an eye on
    3 drop in on   **4** come up with

□□ **(3)** *A:* Will you join our band, Mark? Whether we will succeed in the next concert or not (　　　　　) on you.
    B: Well, if you need me that much, I'll think about it.

    1 happens   **2** changes   **3** depends   **4** impresses

□□ **(4)** Pat studied very hard for the test, but she failed. She can't get (　　　　　) the shock yet.

    1 back   **2** in   **3** up   **4** over

□□ **(5)** *A:* Wow! I can't believe you walked up the stairs here! Why didn't you use the elevator?
    B: Don't you know, Tommy? It's been (　　　　　).

    1 on sale   **2** by chance   **3** for free   **4** out of order

□□ **(6)** Josh has a big soccer game tomorrow. However, the weather report says it will rain heavily in the morning, so they will have to (　　　　　) it off.

    1 take   **2** send   **3** put   **4** throw

□□ **(7)** *A:* Mommy, Todd broke my doll!
    B: Don't cry, Carrie. I'm sure he didn't do it (　　　　　) purpose.

    1 for   **2** on   **3** to   **4** at

(1) 解答 **1**

ヘンリーは繁華街を歩いていると，新しいカフェを偶然見つけた。それはとてもよさそうだったので，彼はそこでお茶を飲むことにした。

解説 繁華街を歩いていて偶然新しいカフェを見つけたと考えて，**1**を選ぶ。come across 〜は「〜と偶然出会う，〜を偶然見つける」という意味。fill out 〜「（書類など）に記入する」，hand in 〜「〜を提出する」，put on 〜「〜を身につける」。

> run across [into] 〜にも「〜と偶然出会う」の意味がある。

(2) 解答 **2**

A: サム，その犬から目を離さないでくれるかな？　私たちのローストポークを食べるかもしれないよ。
B: わかったよ，お父さん。犬が絶対食べないように気を付けるね。

解説 Bは絶対に食べさせないようにすると言っているので，Aは犬の監視を頼んだと考えて，keep an eye on 〜「〜から目を離さない，〜を監視する」を選ぶ。make a decision on 〜「〜に決める」，drop in on 〜「（人）のところに立ち寄る」，come up with 〜「〜を思いつく」。

□ roast pork
　ローストポーク
□ make sure (that) 〜
　〜を確認する，〜を必ずする

(3) 解答 **3**

A: 僕たちのバンドに入ってくれない，マーク？　次のコンサートが成功するかどうかは君にかかっているんだ。
B: うーん，もし僕のことがそんなに必要なら，考えてみるよ。

解説 Bの発言からAはBをとても必要としていることがわかる。「次のコンサートが成功するかどうかは君次第だ」と言っていると考えて，**3**を選ぶ。depend on 〜は「〜に依存する，〜次第である」という意味。

□ succeed in 〜
　〜に成功する
□ that much　そんなに

(4) 解答 **4**

パットは試験に向けてとても一生懸命に勉強したが，落ちてしまった。彼女はまだそのショックから立ち直ることができない。

解説 パットは試験に落ちてしまい「ショックをまだ〜できない」という内容から，get over 〜「〜を克服する，〜から立ち直る」が正解。get back 〜「〜を取り戻す」。

□ fail　不合格になる

(5) 解答 **4**

A: ええっ！　ここまで階段で上ってきたなんて信じられない！　なぜエレベーターを使わなかったの？
B: 知らないの，トミー？　エレベーターは故障しているのよ。

解説 Bがエレベーターに乗らずに階段で来た理由は，エレベーターが故障していたからなので，正解はout of order「故障中で」。on sale「売り出し中で」，by chance「偶然に」，for free「無料で」。

(6) 解答 **3**

ジョシュは明日大きなサッカーの試合がある。しかし，天気予報によると午前中は激しい雨が降るので，彼らは試合を延期しなくてはならないだろう。

解説 激しい雨という天気予報から，サッカーの試合がどうなるのかを考える。put off 〜「〜を延期する」が正解。take off 〜「〜を脱ぐ」，send off 〜「（人）を見送る」。

□ weather report　天気予報

(7) 解答 **2**

A: ママ，トッドが私の人形を壊したのよ！
B: 泣かないの，キャリー。彼がわざとそんなことをしたはずはないわ。

解説 人形をトッドに壊されたと泣いているキャリーに，母親は「わざとではない」と慰めていると考える。on purposeは「故意に，わざと」。

2
日目

筆記
1

□□ **(8)** *A:* Nick, how are you (　　　) along with Jimmy?

B: Why do you ask? We are very close friends, you know.

1 taking　　　　**2** bringing　　　　**3** getting　　　　**4** keeping

□□ **(9)** Elise heard loud music coming from her neighbor's house late at night, so she asked them to (　　　) the music.

1 take over　　　　**2** look after　　　　**3** turn down　　　　**4** run over

□□ **(10)** People coming to Japan from abroad are often surprised to find that trains in Japan leave and arrive (　　　).

1 by heart　　　　**2** on time　　　　**3** at most　　　　**4** as well

□□ **(11)** *A:* I haven't spoken to Susie for a long time. I wonder if she's well.

B: I (　　　) her last week. She's just started a job teaching English in China.

1 heard from　　　　**2** looked over　　　　**3** figured out　　　　**4** put away

□□ **(12)** Jackie tried to run the marathon, but she had not trained hard enough. She could not (　　　) with the other runners.

1 keep up　　　　**2** show up　　　　**3** get in　　　　**4** make up

□□ **(13)** Bob had to find a gas station as soon as possible because his car was (　　　) out of gas.

1 taking　　　　**2** running　　　　**3** coming　　　　**4** staying

□□ **(14)** The basketball team won the championship after getting a new player. The player played an important (　　　) the final game.

1 window on　　　　**2** role in　　　　**3** reply to　　　　**4** proof of

borrow動 〜を借りる　　believe動 （〜を）信じる　　volunteer動 ボランティアをする

解答・解説

(8) 解答 **3**

A: ニック，ジミー**とはうまくやっている**？

B: なぜ聞くの？　知っての通り，僕たちはとても親しい友人同士だよ。

解説 Bの「僕たちはとても親しい友人同士だ」という応答からAはB（ニック）に，ジミーとの関係を尋ねていると考えられる。正解は**3**で，get along [on] with ～は「～とうまくやる」という意味。

(9) 解答 **3**

エリーゼは夜遅くに隣の家から大音量の音楽が聞こえたので，音楽の**音量を下げる**ようにお願いした。

解説 エリーゼは夜遅くに隣の家から大音量の音楽が聞こえたので，音量を下げるようにお願いしたと考えて，turn down ～「～の音量を下げる」を選ぶ。take over ～「～を引き継ぐ」，look after ～「～の世話をする」，run over ～「（車などが）～をひく」。

(10) 解答 **2**

外国から日本にやってくる人々は，日本の電車は**定刻**に発着するということがわかり，しばしば驚く。

解説 on timeは「時間どおりに」。on schedule「スケジュール通りに」とほぼ同じ意味である。by heart「暗記して」，at most「多くても」，as well「～もまた（≒ too)」。

(11) 解答 **1**

A: スージーとはもう何年も話していないわ。彼女は元気かしら。

B: 僕は先週彼女**から連絡をもらった**よ。中国で英語を教える仕事をちょうど始めたんだって。

解説 長年スージーと音信不通だと言うAに対し，連絡があったとBが伝えていると考える。hear from ～は「～から（手紙・電話・メールで）連絡をもらう」。look over ～「～にさっと目を通す」，figure out ～「～を理解する」，put away ～「～を片付ける」。

(12) 解答 **1**

ジャッキーはマラソンを走ろうとしたが，十分にトレーニングをしていなかった。彼女はほかのランナー**についていく**ことができなかった。

解説 トレーニング不足でほかのランナーについていけなかったと考える。keep up with ～は「～に遅れずについていく」。show up「姿を現す」，get in (with ～)「（～と）親しくしている」，make up (with ～)「（～と）仲直りする」。

(13) 解答 **2**

車のガソリンが**なくなってきた**ので，ボブはできるだけ早くガソリンスタンドを見つけなければならなかった。

解説 ガソリンスタンドを見つけなければならなかった理由は，ガス欠になりそうだったからである。run out of ～で「～を使い果たす」という意味。

(14) 解答 **2**

そのバスケットボールチームは新しい選手が入った後で優勝した。その選手が決勝戦**で重要な役割を果たした**のだ。

解説 play a [an] ～ role in ... で「…において～な役割を果たす」という意味。play a [an] ～ part in ... という言い方もある。

NOTES

How are you getting along with ～? は「（仕事など）の調子はどうですか」の意味でも用いる。

□ neighbor　隣人

□ ask + O + to *do*
　Oに～するように頼む

coming ... abroadは後ろからPeopleを修飾している。

□ gas station
　ガソリンスタンド

□ win the [a] championship
　優勝する

□ final game　決勝戦

2
日目

筆記
1

report動 （～を）報道する　　set動 （時計の目盛りなど）を合わせる　　invite動 ～を招待する

③日目

会話文の空所補充問題を攻略！①

今日の目標　今日は筆記2の，会話文の空所補充問題の解き方のコツを学習しよう。パターンは大きく分けて，①空所直後の文が答えとなる疑問文を選ぶ問題，②空所前後から会話の流れをつかみ適切なものを選ぶ問題の2つである。

ポイント1　選択肢や空所を含む文が疑問文の問題の解き方

選択肢や空所を含む文が疑問文である場合には，次の手順で考えてみよう。

① **空所までの部分から会話の状況をつかむ**
　→会話の場面，2人の話者の関係，話題となっている事柄を理解する。
② **空所直後の応答を読み，それが答えとなる疑問文を選ぶ**
③ **全体を読み返し，自然に意味が通ることを確認する**

例題

A: Fran, do you usually take Subway Line 7?

B: Yes, it's the fastest way to get to work.

A: (　　　　　)?

B: Sometimes by bus, just for a change.

　　1 Is it crowded in the morning
　　2 How long does it take to the station
　　3 Where do you usually get off
　　4 Do you ever come another way

解説　まず，「普通，地下鉄7号線に乗るの？」「うん，それが職場への最速の方法だからね」という最初のやりとりから，これが職場の同僚同士の会話で，話題は通勤方法であることをつかもう。次に，空所後にあるSometimes by bus「ときどきバスでね」に着目して，これが答えになる疑問文を探す。**4**の「別の方法で来ることはあるの？」が適切だと判断して，**4**を選ぶ。全体を読み返して，通勤手段についての会話になっていることを確認する。

訳　*A:* フラン，あなたは普通，地下鉄7号線に乗るの？
　　　B: うん，それが職場まで行く最速の方法だからね。
　　　A: <u>ほかの方法で来ることはあるの</u>？
　　　B: ときどき気分転換にバスで来ることもあるよ。
　　　　1 それは朝，混んでいるの
　　　　2 駅までどのくらい時間がかかるの
　　　　3 普通，どこで降りるの
　　　　4 ほかの方法で来ることはあるの

解答：**4**

---

ma'am 图 奥さま　　**avocado** 图 アボカド　　**type** 图 種類

ポイント2　選択肢や空所を含む文が疑問文でない問題の解き方

　選択肢や空所を含む文が疑問文でない場合は空所前後から会話の流れをつかんで適切な答えを選ぶ。
文脈をとらえるために，特に接続表現と代名詞に着目しよう。解き方の手順は以下の通りである。

① **空所までの部分から会話の状況をつかむ**

② **空所前後の文をていねいに読み，文脈に合う選択肢を選ぶ**

　　文脈をつかむ上で，特に次の2点に注意しよう。

　　・空所前後にある**接続表現**

　　　　→空所前後の文同士がどのような関係であるのかをとらえよう。

　　・空所前後や選択肢中の**代名詞**

　　　　→特に空所後に出てくる代名詞が何を指しているのか考えてみよう。

③ **全体を読み返し，自然に意味が通ることを確認する**

例題

A: Sarah, help me clean the living room.

B: I can't now, Dad. I need to take the dog for a walk.

A: Hmm, (　　　　　), then. You can help me clean now.

B: Fine, I'll ask him now.

　　1 get your brother to do it

　　2 tell your mother you're busy

　　3 just wash the dishes

　　4 ask your friends to join you

解説　前半部分から，これは父と娘の会話で，父が娘に居間のそうじを手伝うように言ったが娘は今は
できないと言っていることをつかむ。次に空所を含む文を見て，空所直後のthen「それなら」と
いう接続表現に着目する。これが「君ができないなら」という意味であることを理解して，get
your brother to do it「兄［弟］にそれをやってもらいなさい」とすると自然に意味が通るので，
正解は**1**。さらに，最後のBの発言のI'll ask him now.のhimが**1**のyour brotherを指してい
ることになり，これも解答の手がかりになる。最後に全体を読み返して，自然に意味が通るこ
とを確認する。

訳　*A:* サラ，居間のそうじを手伝って。

　　B: 今はできないわ，お父さん。犬を散歩に連れて行かなければならないのよ。

　　A: そう，それなら，兄［弟］にそれをやってもらいなさい。君は今，私のそうじを手伝えるよ。

　　B: それがいいわね。彼に聞いてみるわ。

　　1 兄［弟］にそれをやってもらいなさい

　　2 お母さんに忙しいと言いなさい

　　3 皿洗いだけしなさい

　　4 友達に参加するように頼みなさい

解答：**1**

　　次のページからは練習問題。ここで学んだことを使って問題を解いてみよう！

次の四つの会話文を完成させるために，(1)から(5)に入るものとして最も適切なものを1，2，3，4の中から一つ選びなさい。

☐☐ **(1)**　*A:* Hello. I'm calling to ask about my wallet. I think I left it at your hotel this morning.

　　　B: (　**1**　), sir?

　　　A: Yes, I was in room 205. I checked out this morning.

　　　B: I'll call you back, sir. I'll check your room and let you know.

　　　1 Did you enjoy your stay

　　　2 Can you tell me which room you were in

　　　3 Would you like a double room

　　　4 Was the size of the room acceptable

☐☐ **(2)**　*A:* Excuse me. May I borrow this book and these three DVDs?

　　　B: I'm afraid you (　**2**　).

　　　A: I see. Then I have to choose the DVDs. OK, I'd like to borrow these two.

　　　B: Thank you. You can keep them for two weeks.

　　　1 need to write down your name here

　　　2 should come another day

　　　3 can only check out two DVDs at a time

　　　4 have to return them in a week

☐☐ **(3)**　*A:* Thank you for a wonderful meal, Sarah. That stew was delicious.

　　　B: You're welcome. I'm glad you enjoyed it.

　　　A: Since you made the meal, (　**3**　)?

　　　B: That would be great, thank you. The dishcloth is by the sink.

　　　1 why don't we have a drink

　　　2 how about chocolate cake for dessert

　　　3 could you give me the recipe

　　　4 shall I wash the dishes

(1) 解答 **2**

A: もしもし。私の財布についてお聞きしたくて電話しています。今朝そちらのホテルに忘れたと思うのです。

B: お客さま，どちらのお部屋にいらしたか教えていただけますか。

A: はい，205号室にいました。今朝，チェックアウトしました。

B: 折り返しお電話をいたします。お部屋を調べてお知らせいたします。

  1 ご滞在をお楽しみいただけましたか

  2 どちらのお部屋にいらしたか教えていただけますか

  3 ダブルルームがよろしいですか

  4 お部屋の大きさは大丈夫でしたか

> I'm calling to do は電話の用件を伝えるときの定番表現。

解説 冒頭部分から，これは宿泊客からホテルへの電話であることをつかむ。用件は忘れた財布である。空所部分は疑問文なので，直後のYes, I was in room 205.「はい，205号室にいました」が答えとなる選択肢を選ぶ。滞在した部屋番号を尋ねていると考えられるので，正解は**2**。

(2) 解答 **3**

A: すみません。この本とこの3枚のDVDを借りてもいいですか。

B: 恐れ入りますが，DVDは一度に2枚しかお借りいただけないのです。

A: なるほど。じゃあDVDを選ばないといけませんね。よし，こちらの2枚を借りたいです。

B: ありがとうございます。2週間お借りいただけます。

  1 こちらにお名前を書いていただく必要があります

  2 別の日に来た方がいいです

  3 DVDは一度に2枚しかお借りいただけないのです

  4 1週間で返却していただかなくてはなりません

☐ check out ～
（図書館で本など）を借り出す

☐ at a time　一度に

解説 図書館で本を借りようとしている場面である。空所の前の「この本とこの3枚のDVDを借りてもいいですか」という疑問文にどう答えると文脈に合うのかを考える。Aは空所の発言を受けて直後でThen I have to choose the DVDs. OK, I'd like to borrow these two.「じゃあDVDを選ばないといけませんね。よし，こちらの2枚を借りたいです」と言い，借りるDVDの枚数を3枚から2枚に変更している。3枚は借りられないと言われたと判断し，**3**を選ぶ。

(3) 解答 **4**

A: すばらしいお食事をありがとう，サラ。あのシチューはおいしかったなあ。

B: どういたしまして。喜んでくれてうれしいわ。

A: 君が食事を作ってくれたから，僕が皿を洗おうか。

B: 助かるわ，ありがとう。布巾はシンクのそばよ。

  1 1杯飲もうよ

  2 デザートにチョコレートケーキはどうですか

  3 レシピを教えてくれますか

  4 僕が皿を洗おうか

☐ since　～だから

☐ dishcloth　布巾

解説 夕食を終えた場面である。空所を含む文は「君が食事を作ってくれたから～」という意味であることを確認する。後にdishcloth「布巾」が出てくることから，Aは皿洗いを申し出たと考えて，**4**を選ぶ。

garbage 名 （台所から出る）生ゴミ　　customer 名 （商店などの）顧客　　business 名 職業

3
日
目

筆
記
2

A: Hi, Bob. Are you looking for someone?

B: Yes, I'm looking for Professor Eaton's office.

A: Well, (**4**).

B: Oh, really? I thought it was on this floor.

A: No, you have to go downstairs. Why are you looking for her?

B: I have to hand in my report to her. I should have given it to her last Friday.

A: Does that mean (**5**)?

B: Actually, I finished it on Wednesday. But I had a bad cold last Friday, so I couldn't go to class.

☐☐ **(4)**   **1** she was talking with David after class

              2 she is very popular among students

              3 she is in her office

              4 her office is on the first floor

☐☐ **(5)**   **1** you couldn't finish it by the deadline

              2 Professor Eaton's class is canceled

              3 you have already handed in the report

              4 you don't know about the report

   trouble 图 トラブル   tour 图 見学   race 图 競走

NOTES

A: こんにちは，ボブ。誰かを探しているの？
B: うん，イートン教授の研究室を探しているんだ。
A: あら，<u>先生の研究室は1階よ</u>。
B: えっ，本当？　この階だと思っていたよ。
A: ううん，下に降りないとね。どうして先生を探しているの？
B: レポートを提出しないといけないんだ。先週の金曜日に渡さないといけなかったんだけど。
A: それって，<u>締め切りまでに終えることができなかった</u>ということ？
B: 実は，水曜日には終わったんだ。でも先週の金曜日はひどい風邪を引いて，授業に出られなかったんだよ。

□ hand in ～　～を提出する

〈should have + 過去分詞〉は「～すべきだった（のにしなかった）」という意味で，実現しなかった事実に対する非難や後悔の気持ちを表す。

3
日目

筆記
2

(4) 解答 **4**

　　1 先生は授業の後，デイビッドと話していたわ
　　2 先生は学生にとても人気があるわ
　　3 先生は自分の研究室にいるわ
　　4 先生の研究室は1階よ

解説 友人同士の会話である。冒頭から，Bが先生の研究室を探しているという状況をつかむ。空所直後のBの発言 I thought it was on this floor.「それはこの階にあると思った」に着目し，この it が her office を指すことを見抜き，研究室が何階にあるのかが話題になっていると考える。her office が出てくるのは **3** と **4** だが，階数が出てくるのは **4** のみ。

(5) 解答 **1**

　　1 締め切りまでに終えることができなかった
　　2 イートン教授の授業が休講になる
　　3 レポートをすでに提出した
　　4 レポートについて知らない

□ deadline　締め切り

解説 Aの3番目の発言の後半 Why ～? の文から，話題はなぜ先生を探しているかになっていることに注意。その後のBの応答から，Bは金曜日に提出すべきだったレポートをまだ提出できていないことがわかる。空所後の Actually は前に述べられたことを否定して「いや，実は」という意味を表す。Bは締め切りまでにレポートが終わらなかったのではなく，風邪のために提出できなかったのである。

長文の語句空所補充問題を攻略！①

今日の目標　筆記3は空所補充問題で，選択肢には語句が並んでおり，全体の文脈から空所部分の意味を推測するのが解答のカギとなる。今日は，基本的な解き方をおさえた上で，言い換えに注意して解く方法を見ていこう。

ポイント1　長文の語句空所補充問題を解く手順

筆記3は，2段落の英文で，空所は段落に1つずつあることが多い。段落ごとに次の手順で解いていこう。

① **段落全体をさっと読む**
特に段落の最初と最後に注意して，段落全体の話題をつかむ。

② **空所を含む文やその前後を丁寧に読む**
空所を含む文やその前後の文を丁寧に読んで，空所部分の意味を推測する。

③ **選択肢を入れて，答えを決定する**
空所に選択肢を1つずつ当てはめて読み，いちばん自然につながるものを正解として選ぶ。

ポイント2　空所前後の同意表現に注目

空所を含む文とその前後の関係を把握すると，空所部分の意味を推測しやすい。このポイントでは，空所の前の文または後ろの文が，空所を含む部分の内容の言い換えになっていないかという検討方法を確認しよう。

例題

Country Life

Alice grew up in Baltimore, one of the largest cities on the American East Coast. It was very crowded, people were not so friendly, and there was a lot of traffic. Alice had always dreamed of (　**1**　) because of those problems. So when Alice got a chance to work for a company in a small town in Montana, she took it.

The town Alice moved to had a population of only 10,000. She quickly came to know nearly all of her neighbors. They were friendly and helpful. Alice knew that being away from a big city was not always convenient. There were only a few restaurants, one theater, and no city attractions like museums. Everyone also knew each other. This meant that it was usually impossible to (　**2**　). However, Alice was satisfied with her decision to move to Montana.

different 形 いろいろな　　important 形 重要な　　special 形 特別な

(1)　**1** starting a special club　　**2** living in the countryside
　　　　3 becoming the mayor　　　**4** buying a new car

(2)　**1** ask people for advice　　**2** find good information
　　　　3 get mail quickly　　　　**4** do anything privately

解説

(1)　解答：2

　まず，第1段落全体を読み，大都市に住むアリスが就職を決めた話であることをつかむ。次に，空所前後に着目し，空所を含む文に Alice had always dreamed of (　　　　　) とあるので，アリスはいつもどんなことを夢みていたのかを考える（dream of *doing* は「～することを夢みる」）。直後の文に a chance to work for a company in a small town in Montana「モンタナの小さな町の会社で働く機会」をもらい，それを受けたとあるので，その内容に近い「田舎で暮らすこと」の **2** が正解。アリスはボルチモアがとても人が多く，人々があまり親切でなく，交通量が多いという問題点があったため田舎暮らしを夢みたのである。**1**「特別なクラブを始めること」，**3**「市長になること」，**4**「新車を買うこと」。

(2)　解答：4

　第2段落第1文からこの段落はアリスが田舎に引っ越した後の様子であることをつかむ。空所を含む文の冒頭が This meant that ～.「それは～ということであった」であることから，その後の部分 it was usually impossible to (　　　　　) が直前の文 Everyone also knew each other. を言い換えていることを見抜く。「みんなが顔見知りである」ということは「何事もひそかにする（ことが不可能である）」ということなので，正解は **4**。**1**「人に忠告を求める」，**2**「よい情報を見つける」，**3**「すぐに郵便物をもらう」。

訳

田舎での生活

　アリスはアメリカ東海岸で最も大きな都市の1つであるボルチモアで育った。そこはとても人が多く，人々はあまり親切ではなく，交通量が多かった。そのような問題点のために，アリスは<u>田舎で暮らすこと</u>をいつも夢みていた。そのため，モンタナの小さな町の会社で働く機会を得たとき，アリスはその就職話を受けた。

　アリスが引っ越した町は人口が1万人しかいないところだった。彼女はすぐに近所の人のほとんど全員と知り合いになった。彼らはとても親切で助けになってくれた。アリスは大都市から離れることがいつも都合がよいとは限らないことを知った。レストランは数軒だけ，劇場は1つ，博物館のような都市の観光名所はなかった。また，すべての人がお互いに顔見知りだった。それは，<u>何事もひそかにする</u>ことはたいてい不可能だということだった。しかしながら，アリスはモンタナに引っ越すという自分の決断に満足していた。

次のページからは練習問題。ここで学んだことを使って問題を解いてみよう！

enough形 十分な　　expensive形 高価な　　difficult形 困難な

次の英文を読み，その文意にそって(1)から(2)までの（　　　　）に入れるのに最も適切なものを1，2，3，4の中から一つ選びなさい。

Time for a Change

Eddie felt that he needed a change before he started high school. So he spent a whole day looking at the things in his bedroom and deciding what he did not want anymore. He found many things, such as old clothing and books. By the end of the day, Eddie (　1　). He could not even close it!

But Eddie was not happy — he did not want to throw his old things into the trash because they still had value. Eddie told his mother about his feelings, and then she shared an idea with him. She told Eddie to take the box to a secondhand shop. That way, his things could be sold to people who needed them, and they would not be wasted. The next day, Eddie (　2　). Finally, he could feel good about getting rid of his old things.

☐☐ **(1)**　**1** was very tired　　　　　　**2** had a full box
　　　　　　3 felt glad to finish　　　　　**4** needed a break

☐☐ **(2)**　**1** took his mother's advice　　　**2** put things in the trash
　　　　　　3 decided to keep some things　　**4** asked a friend's opinion

　few厖 ほとんど〜ない　　**another**厖 別の　　**close**厖 接近した

解答・解説

気分転換のとき

NOTES
□ change
気分転換，気晴らし

□ trash　ゴミ

□ value　価値

□ secondhand shop
中古品店，リサイクルショップ
□ that way
そうすることで

□ get rid of ～
～を処分する

4
日目

筆記
3

エディは高校入学前に気分転換が必要だと感じた。そこで，丸1日を費やし，自分の部屋のものを見て，もはやいらなくなったものを決めた。彼は，古い服や本など，たくさんの（不要な）ものを見つけた。1日の終わりまでに，エディの箱はいっぱいになった。それはふたを閉じることもできないほどだったのだ！

しかし，エディはうれしくなかった。古いものにはまだ価値があったのでそれをゴミとして捨てたくなかったのだ。母親にその気持ちを話すと，彼女はあるアイデアを共有してくれた。母親はエディに，その箱をリサイクルショップへ持っていくように言ったのである。そうすれば，彼のものはそれを必要とする人に売られるし，それらが無駄にされることはないだろう。翌日，エディは母親のアドバイスに従った。やっと，彼は自分の古いものを処分することに前向きな気持ちになれた。

(1)　解答　2

解説　第1段落はエディが気分転換のために古いものを箱に詰めたという話である。空所を含む文Eddie (　　　).と次の文He could not even close it!がほぼ同じ意味を表していることを見抜く。閉められないほど「箱はいっぱいになった」と考えて，正解は2。close itのitが2のa full boxを指すことにも着目しよう。1「とても疲れた」，3「終わってうれしかった」，4「休息が必要だった」。

(2)　解答　1

解説　第2段落は箱に詰めたものを捨てたくないエディの話である。空所の前の2文で母親がエディにアドバイスをしている。空所直後にある接続表現Finally「ついに，やっと」に着目する。やっと古いものを処分することに前向きな気持ちになれたのは，「（不要なものをリサイクルショップへ持っていくという）母親のアドバイスに従った」からと考えられるので，正解は1。2「物をゴミの中に入れた」，3「いくつかの物をとっておくことにした」，4「友達の意見を尋ねた」。

own形（one's ownで）自分自身の　　local形 地元の　　delicious形 おいしい

33

⑤ 日目

長文の内容一致選択問題を攻略！①

今日の目標　筆記4の長文読解では，Eメールと説明文の2題が出題される。いずれも内容一致問題である。内容一致問題では正解の根拠は必ず本文中にあるので，それを1つ1つ確認しながら解答していこう。

▶ ポイント1 ▶ 本文中に解答の根拠を探す

　筆記4では，[A]（3段落から成るEメール）と[B]（4段落から成る説明文）の2つの英文が出題される。各段落につき1つずつ問題が問われるので，段落ごとに解答するのがお勧めである。まずは，Eメールのヘッダーの件名（ポイント2を参照）や説明文のタイトルを見て，全体のトピックを確認しよう。その後の基本的な解き方は以下の通りである。

① **段落全体をさっと読んで概略をつかむ**
② **質問にあるキーワードを英文中に探す**
　→質問中に現れる固有名詞や年などがカギになることが多い。
③ **英文に書かれていることと合致する選択肢を選ぶ**
　→正解の選択肢では，本文中の表現がそのまま用いられていることは少なく，別の表現で言い換えられていることが多い。この言い換えを見抜くのが正解へのカギ。

　本文中には必ず解答の根拠となる箇所がある。たとえ常識から考えてあり得ることでも，本文中に書かれていないものについては正解にならない。あくまでも本文中に正解の根拠を探すことが大切である。
　例題を見てみよう。次の問題は[B]の最初の段落である。

例題

Songkran

　　Foreigners who visit Thailand in April may see something surprising. Thai people are usually gentle and kind. But at this time of year, they can be seen throwing water at each other! They use buckets or water guns. The water fights happen all over Thailand, from the capital city of Bangkok to the smallest villages. To visitors, it probably seems like the whole country is having one huge water fight. For this reason, foreigners often call this the Water Festival. Foreign tourists must be careful because they may get very wet during the festival.

(1) According to the passage, during the Songkran festival, visitors
　1 must throw water at other people.

---

　far 圖（距離が）遠くに　　however 圖 しかしながら　　even 圖 ～（で）さえ

2 cannot use water guns.

3 must not stay in big cities.

4 should prepare for possibly getting wet.

解説　まず，タイトルを確認しよう。*Songkran*「ソンクラーン」という聞きなれない語である。何かの名称だと予測できれば十分だが，英文の冒頭にForeigners who visit Thailand「タイを訪れる外国人」とあるので，タイの珍しいものについての話でないかと推測できる。

　英文をさっと読んでみよう。throwing water「水をかける」，water fights「水かけ合戦」，one huge water fight「1つの大きな水かけ合戦」とあり，一番最後にthe festival「祭り」とあるので，水をかけ合うような祭りを紹介する英文だとわかる。

　次に問いを見てみよう。この問いは，質問ではなく英文を完成させるタイプである。ここでのキーワードはvisitors。この語を英文中に探すと第6文にTo visitors, ...で始まる文があり，そこには「国全体が1つの大きな水かけ合戦をしているようである」とある。さらに，visitorsと似た意味の語であるtouristsが最終文冒頭にForeign tourists ....という形で使われている。そこには「その祭りの間，ぬれるかもしれないので気をつけなければならない」とある。選択肢の中でこれらの内容と一致するものは**4**である。

解答：**4**

訳

ソンクラーン

　4月にタイを訪れる外国人は驚くべきものを目にするかもしれない。タイの人々は普通穏やかで親切である。しかし，1年のうちのこの時期，彼らがお互いに水をかけ合っているところが目撃されるかもしれないのだ！　彼らはバケツや水鉄砲を使う。水かけ合戦は首都バンコクから最も小さな村まで，タイの国中で行われる。観光客にとっては，おそらく国中が1つの大きな水かけ合戦をやっているように思えるであろう。このため，外国人はしばしばこれを「水祭り」と呼ぶ。この祭りの間はずぶぬれになるかもしれないので，外国人観光客は注意しなければならない。

(1) 文章によると，ソンクラーン祭りの間，観光客は

　1 他人に水をかけなければならない。

　2 水鉄砲を使えない。

　3 大都市に滞在してはいけない。

　4 ぬれる可能性があることを覚悟すべきである。

ポイント2　Eメールのヘッダーを理解する

[A] のEメールには，最初にヘッダーと呼ばれる以下のような見出しがある。

From: Debbie MacFarland <debbie@lopmail.com> ················「送信者」
To: Edward Wilson <edward@lopmail.com> ·····················「受信者」
Date: July 7 ···「日付」
Subject: Summer Camp···「件名」

件名には，そのEメールの用件や話題が簡潔に書かれているので，本文を読む前に全体の内容をつかむ上で役に立つ。

　次のページからは練習問題。ここで学んだことを使って問題を解いてみよう！

次の英文[A]，[B]の内容に関して，(1)から(7)までの質問に対して最も適切なもの，または文を完成させるのに最も適切なものを1，2，3，4の中から一つ選びなさい。

[A]

From: Jennifer Tyler <jennifer@speedcom.net>
To: Brandon Collins <brandon901@plustel.com>
Date: September 4
Subject: My Summer

Dear Brandon,

Hi! I just wanted to tell you about the exciting time I had this summer. I did volunteer work. It was a really unique experience to visit a new place and help people at the same time. You probably think I was volunteering somewhere far away like in Africa. Actually, I was volunteering in Atlanta, Georgia.

I was a volunteer for the Fix Up America Program. You probably don't know that although Atlanta has some very rich areas, it also has some very poor ones. We painted and repaired the homes of senior citizens. Many of them are quite old and can't do that kind of hard work. So, we did it for them.

Most of the people in the program were college students like me. I thought that most of them would be from Georgia, so I was surprised to find that they were not. A few were from Maine like us, and others were from Wisconsin, California, Alaska, and even Hawaii. Besides the volunteer work, it was also a great chance to meet young people from all over the United States. I met a lot of people who became my close friends over the summer, and we still keep in touch. Next year, I really think that you should come with me. What do you think?
Jennifer

5
日
目

筆
記
4

□□ **(1)** Why was Jennifer's summer unique?

    1 She lived with old people.

    2 She helped others in a new place.

    3 She bought a home in Atlanta.

    4 She went to Africa for the first time.

□□ **(2)** What is true about Atlanta?

    1 There are people under various economic conditions.

    2 Most people do not own homes there.

    3 There are not many old people there.

    4 Many young people there have no jobs.

□□ **(3)** What was Jennifer surprised to learn?

    1 Few college students participated.

    2 Many volunteers were from other states.

    3 No one was from her home state.

    4 Her friend will join her next year.

NOTES

□ at the same time
同時に

□ actually　ところが実は

□ senior citizen(s)
お年寄り

that kind of hard work
「そのようなきつい仕事」
は，直前に述べられた「家
のペンキ塗りや修理」を
指す。

□ a few (people)
2，3人(の人)

□ besides　～に加えて

送信者：ジェニファー・タイラー <jennifer@speedcom.net>
受信者：ブランドン・コリンズ <brandon901@plustel.com>
日付：9月4日
件名：私の夏

ブランドンへ
　こんにちは！　今年の夏，私が過ごしたわくわくする時間のことについてあな
たに話したかったの。私はボランティアをしたのよ。初めての場所を訪れて，
それと同時に人を助けることは本当に独特な経験だったわ。きっとあなたは私
がアフリカのようなどこか遠くでボランティアをしていたと思っていることでしょ
う。実は，ジョージア州アトランタでボランティアをしていたのよ。
　私は「フィックス・アップ・アメリカ・プログラム」のボランティアだったの。
あなたはおそらく知らないと思うけれど，アトランタにはとても裕福な地域が
いくつかあるけれど，すごく貧しい地域もあるのよ。私たちはお年寄りの家の
ペンキを塗ったり修理をしたりした。そこのお年寄りの多くはとても年をとっ
ていて，そのようなきつい仕事ができないの。それで，私たちが彼らのために
それをしたというわけよ。
　そのプログラムに参加した人のほとんどは私のような大学生だったわ。彼ら
のほとんどはジョージア州から来たのだろうと思っていたから，そうではない
ということがわかって驚いたわ。私たちのようにメイン州出身が2，3人いて，
ほかにはウィスコンシン州，カリフォルニア州，アラスカ州，それからハワイ
州出身の人までいたわ。ボランティアの仕事に加えて，アメリカ中からやって
来た若者に会えたというのも貴重な機会だったわ。この夏を通して親しい友人
になれた人と多く出会い，今でも連絡を取り合っているの。来年はあなたも私
と一緒に絶対行くべきだと思うわ。どうかしら？
ジェニファー

(1) 解答 **2**

ジェニファーの夏はなぜ独特だったのですか。
- **1** お年寄りとともに暮らしたから。
- **2** 初めての場所で人の手助けをしたから。
- **3** アトランタに家を買ったから。
- **4** 初めてアフリカへ行ったから。

解説 uniqueという語は，第1段落第4文中のa really unique experienceの中にある。この文のItは形式主語でto以下を指していることが読み取れれば，to以下がunique experienceの内容を指していることがわかる。「初めての場所を訪れて，それと同時に人を助けることは本当に独特な経験だった」とあることから，正解は**2**。

(2) 解答 **1**

アトランタについて正しいのはどれですか。
- **1** さまざまな経済状態の人がいる。
- **2** そこではほとんどの人が家を所有していない。
- **3** そこにはお年寄りはあまりいない。
- **4** そこにいる多くの若者が仕事に就いていない。

解説 第2段落第2文のthat以下「アトランタにはとても裕福な地域がいくつかあるが，とても貧しい地域もある」を根拠に正解は**1**。選択肢では本文中の表現がpeople under various economic conditions「さまざまな経済状態にある人々」という表現で言い換えられている点にも注意しよう。

(3) 解答 **2**

ジェニファーは何を知って驚きましたか。
- **1** 大学生がほとんど参加していなかったこと。
- **2** 多くのボランティアがほかの州から来たこと。
- **3** 彼女の出身の州から来た人は誰もいなかったこと。
- **4** 来年は彼女の友人が一緒に参加すること。

解説 「ジェニファーが驚いた」という記述は，第3段落第2文の後半にI was surprised to find that ... とある。驚いた内容はthey were not (from Georgia)「彼らのほとんどがジョージア州出身ではなかった」ということなので，正解は**2**。誤答を確認してみよう。**1**は第3段落第1文の内容と不一致。**3**は第3段落第3文の前半部分の内容と不一致。**4**は友達が参加するかどうかはまだわからないので不適と判断する。

---

copy動（〜の）写しを取る　　guess動 〜を推測する　　create動 〜を創造する

[B]　　　　　　　　**Outdoors For Everyone**

Many people like to spend time outdoors. While some people like to enjoy peaceful activities like birdwatching and walking, others like more adventure. Sports like mountain biking and snowboarding have become more and more popular all over the world. People can reach high speeds when enjoying these sports. Some people also like to perform tricks, such as jumping high into the air. Although this can be exciting, it can also be very dangerous.

A Canadian man called Christian Bagg used to love to go mountain biking. He and his friends would ride fast and do tricks and jumps. His house was near some mountains, so he could ride there every day. In the winter, he also liked to go snowboarding. Again, he and his friends would go fast and do tricks. While he was snowboarding one day in 1996, Christian had an accident. The accident was so bad that Christian could no longer walk.

However, Christian did not want to stop spending time in the mountains with his friends. Although he could not walk, he still wanted to ride mountain bikes. Christian worked as a designer and engineer, so he decided to use his skills to start riding again. He designed and built a mountain bike with three wheels so that he could ride everywhere he used to ride. Soon, he was riding just as fast as he used to, and even doing jumps again.

At first, Christian just made one bike for himself. That changed one day when a young girl asked if she could try it. Like Christian, the girl could not walk, but wanted to try mountain biking. She tried the bike and told her mother it was the best day of her life. This made Christian decide to start a business making special mountain bikes for people who use wheelchairs.

allow動 （allow O to do で）O が〜するのを許す　　return動 帰る　　suggest動 〜を提案する

(4) What is one thing we learn about spending time outdoors?
  1 Most people like safe activities, such as birdwatching.
  2 Some activities are fun, but they can be dangerous.
  3 Mountain bikers tend to go faster than snowboarders.
  4 It is safer to jump on a snowboard than a mountain bike.

(5) One day in 1996,
  1 Christian and his friends started snowboarding.
  2 Christian learned a new trick on his mountain bike.
  3 Christian got lost in the mountains near his house.
  4 Christian had a serious accident while snowboarding.

(6) Christian used his skills from work
  1 to help his friends make better mountain bike courses.
  2 to get a college degree in bicycle design.
  3 to build himself a special mountain bike.
  4 to research safer places for him to go cycling.

(7) Why did Christian decide to start a business?
  1 He didn't like the mountain bikes that were on sale.
  2 He couldn't find a bike that was fast enough for him.
  3 A friend asked him to make a wheelchair for her mother.
  4 A girl had a great time riding Christian's bike.

みんなのための野外

　多くの人は野外で時間を過ごすのを好む。バードウォッチングや散歩などの落ち着いた活動を楽しむのが好きな人がいる一方で，もっと冒険することが好きな人もいる。マウンテンバイクやスノーボードのようなスポーツは世界中でますます人気となっている。これらのスポーツを楽しむとき，人々は高速に達することができるのだ。さらに，空中で高くジャンプするなどの曲芸をするのが好きな人もいる。これはワクワクすることもあるが，とても危険なこともある。

　クリスチャン・バッグというカナダ人の男性はかつてマウンテンバイクをしに行くのが大好きであった。彼は友人たちと高速で走り，曲芸やジャンプをしたものだった。彼の家は山の近くだったので，毎日そこに乗りに行くことができた。冬になると，彼はスノーボードに行くのも好きだった。ここでもまた，彼は友人たちと高速で滑り曲芸をした。1996年のある日，スノーボードをしているとき，クリスチャンは事故にあった。その事故はとてもひどく，クリスチャンはもう歩くことができなかった。

　しかし，クリスチャンは友達と山で時を過ごすのをやめたくなかった。彼は歩けなかったが，それでもマウンテンバイクに乗りたかった。クリスチャンは，設計士と技師として働いていたので，再びマウンテンバイクに乗れるように自分の技術を使うことにした。彼は，彼がかつて乗りに行ったあらゆる場所で乗れるように三輪のマウンテンバイクを設計し制作した。やがて，彼は以前と同じくらい高速で自転車に乗り，再びジャンプまでもしていた。

　最初，クリスチャンは自分用に自転車を1台作っただけだった。それは，ある日，ある若い女の子が自分も乗れるかどうか尋ねたときに変化した。クリスチャンと同じく，その女の子は歩くことができず，マウンテンバイクに乗ってみたかったのである。彼女は自転車に乗ってみて，母にそれは人生最良の日だったと話した。このことで，クリスチャンは車いすを使う人々のために特別なマウンテンバイクを作るビジネスを始めようと決心したのだ。

NOTES

□ no longer　もはや〜ない

□ designer　設計士

□ wheel　車輪

□ so that S can *do*
　　Sが〜できるように

asked if 〜は「〜かどうか尋ねた」という意味。

□ wheelchair　車いす

　design動　（〜を）デザインする　　follow動　〜についていく　　attract動　〜の心をとらえる

(4) 解答 **2**

野外で時を過ごすことについてわかることの1つは何ですか。
1 ほとんど人がバードウォッチングのような安全な活動を好む。
2 楽しい活動もあるが，それが危険なこともある。
3 マウンテンバイクはスノーボードよりも早く進む傾向がある。
4 マウンテンバイクよりもスノーボードでジャンプする方が安全である。

解説 質問にある spending time outdoors という表現については第1段落第1文に spend time outdoors とある。その次の文に「バードウォッチングや散歩などの落ち着いた活動を楽しむのが好きな人がいる一方で，もっと冒険することが好きな人もいる」とあり，その冒険的活動について同段落最終文に「ワクワクすることもあるが，とても危険なこともある」とあるので，正解は**2**。

(5) 解答 **4**

1996年のある日，
1 クリスチャンと友達はスノーボードをやり始めた。
2 クリスチャンはマウンテンバイクで新しい曲芸を学んだ。
3 クリスチャンは自宅近くの山で道に迷った。
4 クリスチャンはスノーボードをしているとき重大な事故にあった。

解説 質問にある One day in 1996 と同じ表現は第2段落第6文の中ほどにある。第6文は「1996年のある日，スノーボードをしているとき，クリスチャンは事故にあった」の意味で，次の文に「その事故はとてもひどく，クリスチャンはもう歩くことができなかった」とあるので，正解は**4**。

(6) 解答 **3**

クリスチャンが仕事の技術を利用したのは，
1 友達がもっといいマウンテンバイクのコースを作るのを手伝うためだった。
2 自転車の設計で大学の学位をとるためだった。
3 自分のために特別なマウンテンバイクを作るためだった。
4 彼がサイクリングに行くのにもっと安全な場所を調査するためだった。

解説 質問にある used his skills という表現は第3段落第3文後半に decided to use his skills と出てくる。その後の文を詳しく読むと，「自分がかつて乗った場所で再び乗れるように三輪のマウンテンバイクを制作した」とあるので，正解は**3**。

(7) 解答 **4**

クリスチャンはなぜビジネスを始めようと決心したのですか。
1 売られているマウンテンバイクが気に入らなかったから。
2 自分にとって十分な速さの自転車が見つからなかったから。
3 友人が彼に彼女の母親のために車いすを作るように頼んだから。
4 女の子がクリスチャンの自転車に乗ってとても楽しんだから。

解説 質問の decide to start a business という表現は第4段落の最後の文に This made Christian <u>decide to start a business</u>「このことがクリスチャンにビジネスを始めることを決意させた」とある。この This はその前文の内容を指し，そこには「女の子がクリスチャンの自転車に乗ってみて，人生最良の日だったと母親に話した」とあるので，正解は**4**。

Eメール問題を攻略！①

今日の目標　準2級のライティング問題ではEメール問題と英作文問題の2問が出題される。今日はEメール問題について見ていこう。まずは，Eメール問題とはどんな問題なのか，そこに含むべき内容は何なのかを確認するところから始めたい。

ポイント1　準2級のEメール問題を理解する

Eメール問題では，まず外国人の知り合いからもらったEメールが提示される。課題は，そこに書かれている質問にわかりやすく答える返信メールの本文を完成させることである。本文の冒頭には，Thank you for your e-mail.「Eメールありがとう」などが与えられている。

与えられたEメールでは話題となっている事柄に下線が引かれているので，返信メールにはその下線部の特徴を問う具体的な質問も2つ含めなければならない。

全体の語数の目安は40語～50語で，解答にかける時間の目安は15分である。

> 準2級のEメール問題
> （筆記5）
> ・Eメールの質問に答える返信メールを書く
> ・下線部の特徴を問う具体的な質問を2つ書く
> ・語数の目安は40語～50語
> ・目標解答時間は15分

ポイント2　Eメールを正確に読み取る

この問題ではまず与えられたEメールを正確に読み取ることが必要である。読み取るべきポイントは次の2つである。

① **下線が引かれている話題はどのようなものか**
　→Eメールでは，まず相手があなたに報告したがっている話題が提示され，その部分に下線が引かれている。下線部の後には，下線部に関する情報などが説明されているので，その話題がどのようなものであるかを正確に理解しよう。

② **返信メールで答えなければならない質問は何か**
　→Eメールの最後の部分には，Do you think that ...?「あなたは…と思いますか」など，あなたに向けた質問が書かれている。返信メールにはこの質問に対する回答を書かなければならない。

ポイント3　返信メールの内容と構成をマスターする

返信メールは「リアクション」→「下線部に関する質問2つ」→「相手の質問に対する回答」の3つを中心に構成するとよい。

全体として，相手からのEメールに対する返信という状況設定に対して自然な流れになるように注意しよう。返信メールの冒頭にはThank you for your e-mail.などのお礼の文が与えられているので，まず相手が報告してきた話題（下線部の語句）に対する自分の感想などを簡潔に述べる。

次にその話題に関する具体的な質問を2つ書く。質問はYes/Noで答える疑問文でも疑問詞で始まる

　happen**動**（偶然）起こる　　choose**動**（～を）選ぶ　　guide**動**　～を案内する

疑問文でもよいが，2つの質問の内容があまり似通ったものにならないように注意したい。また，話題について「〜はどのようなものですか」のような全般を問う抽象的な質問ではなく，色や形，大きさ，頻度，数，状況，利便性など具体的な内容を問う質問となるように注意しよう。

　最後に相手からの質問に対する回答を書く。About your question, (I think ....)「あなたの質問については（私は…と思います）」などの表現を用いて始めると，次に回答がくることがはっきりする。回答ではまず「そう思う（I think that ....）」，「そう思わない（I don't think that ....）」などの自分の意見を述べて，その後でその理由や具体例などを指定された語数の範囲内でまとめる。

　それでは実際の問題を見てみよう。

リアクション：
　相手の報告を受けて自分の感想などを書く

質問2つ：
　下線部に関する具体的な質問2つ

回答：
　相手の質問に対する自分の意見とその理由など

6
日目

筆記
5

例題

● あなたは，外国人の知り合い（Paul）から，Eメールで質問を受け取りました。この質問にわかりやすく答える返信メールを，□□□に英文で書きなさい。
● あなたが書く返信メールの中で，PaulのEメール文中の下線部について，あなたがより理解を深めるために，下線部の特徴を問う具体的な質問を2つしなさい。
● あなたが書く返信メールの中で□□□に書く英文の語数の目安は40語〜50語です。
● 解答欄の外に書かれたものは採点されません。
● 解答がPaulのEメールに対応していないと判断された場合は，0点と採点されることがあります。PaulのEメールの内容をよく読んでから答えてください。
● □□□の下のBest wishes,の後にあなたの名前を書く必要はありません。

Hi!

Guess what! I started taking <u>dance classes</u> in my town. My friend started taking classes there last year, and she said they were fun. So, I decided to take classes, too. We will perform a dance next month, so you should come and watch. I enjoy dancing, but it's difficult to remember the dance steps. My teacher told me to practice at home every day. Do you think everyone should learn to dance?

Your friend,
Paul

Hi, Paul!

Thank you for your e-mail.

解答欄に記入しなさい。

Best wishes,

解答例 I'd love to come and watch you dance. How many people are in your class? And what kind of dance do you learn? About your question, I think everyone should learn to dance. It's important for everyone to exercise and stay healthy. Dance is an exciting way to do that.　　　　　　　　　　　　　　(50語)

問題文の訳 こんにちは！

ねえねえ，聞いて！　僕，町のダンスのレッスンを受け始めたんだ。去年，僕の友達がそこでレッスンを受け始めて，楽しいと言っていたんだ。それで，僕もレッスンを受けることにしたんだよ。来月にダンスを披露する予定だから，君もぜひ見に来てね。ダンスをするのは楽しいんだけど，ダンスのステップを覚えるのが難しくてね。先生は毎日家で練習するように言ったんだ。君は皆がダンスを習うべきだと思う？

あなたの友達
ポール

こんにちは，ポール！

Eメールをありがとう。
［解答欄に記入しなさい。］
それでは，

解答例の訳 あなたがダンスするのをぜひ見に行きたいよ。あなたのクラスには何人いるの？　そしてあなたはどんなダンスを習っているの？　あなたの質問について，私は，皆がダンスを習うべきだと思うよ。運動して健康を維持するのは皆にとって大切だもの。ダンスはそれを実行する面白い方法だよ。

解説 まず，与えられたEメールの内容を正確に読み取ろう。下線が引かれた dance classes が話題であり，それについて，友達が楽しいと言っていたので自分も受講することにしたこと，来月ダンスを披露するので見に来てほしいこと，ステップを覚えるのに苦労していることなどが述べられている。
　Eメールの内容を正確に理解したら，解答を書き始めよう。まずポールからのEメールに対するリアクションを述べる。ポールからダンスを見に来るように誘われているので，ここではやはりそのことに触れたい。解答例では，I'd love to come and watch you dance.「あなたがダ

　remember動　〜を覚えている　　pay動　（〜を）支払う　　excuse名　言い訳

ンスするのをぜひ見に行きたいよ」と肯定的に返答している。

　次に下線が引かれている dance classes「ダンスのレッスン」の特徴について具体的な質問を書く。解答例では，How many people ...?「何人の人が…?」とレッスンを受けている生徒数と，what kind of dance ...?「どんな（種類の）ダンスを…?」と学んでいるダンスの種類について尋ねている。Do the dance classes take place every day?「そのダンスのレッスンは毎日行われるのか」のように Yes/No で答える疑問文でもよい。

　最後に質問に対する回答を書く。解答例ではまず，About your question, I think ....「あなたの質問について，私は…と思う」と書いて，次に回答がくることをはっきりさせている。次に自分の意見として「皆がダンスを習うべきだと思う」と最初に述べて，その後で「運動して健康を維持するのは皆にとって大切だ」とその理由を挙げている。最後に，Dance is an exciting way to do that.「ダンスはそれを実行する面白い方法だ」と短く述べて全体をまとめている。逆の立場で回答する場合には，Students are always busy studying after school.「生徒はいつも放課後勉強するのに忙しい」などの理由が考えられる。

6
日目

筆記
5

　次のページからは練習問題。ここで学んだことを使って問題を解いてみよう！

● あなたは，外国人の知り合い（Sabrina）から，Eメールで質問を受け取りました。この質問にわかりやすく答える返信メールを，◻️ に英文で書きなさい。
● あなたが書く返信メールの中で，SabrinaのEメール文中の下線部について，あなたがより理解を深めるために，下線部の特徴を問う具体的な質問を2つしなさい。
● あなたが書く返信メールの中で ◻️ に書く英文の語数の目安は40語〜50語です。
● 解答は，右のEメール解答欄に書きなさい。なお，解答欄の外に書かれたものは採点されません。
● 解答がSabrinaのEメールに対応していないと判断された場合は，0点と採点されることがあります。SabrinaのEメールの内容をよく読んでから答えてください。
● ◻️ の下のBest wishes, の後にあなたの名前を書く必要はありません。

Hi!

Guess what! My mother bought me an electric bicycle last month. There are many hills in my area, so riding a normal bicycle here is difficult. But riding up hills on my new bicycle is easy. You can ride it when I see you next Saturday. My electric bicycle is convenient, but it isn't good for long rides. If I cycle too far, the battery runs out. Do you think that electric bicycles will become more popular in the future?

Your friend,
Sabrina

Hi, Sabrina!

Thank you for your e-mail.

解答欄に記入しなさい。

Best wishes,

Eメール解答欄

	5
	10
	15

□ carry　～を運ぶ

□ take A to B
　　AをBまで送る

□ kindergarten　幼稚園

□ electric bicycle
　　電動自転車

□ hill　坂，小山

□ area　地域，地区

□ normal
　　ふつうの，通常の

□ convenient　便利な

□ long ride　長距離［長時
　　間］乗っていること

□ cycle　自転車に乗る

□ run out　なくなる

解答例

I didn't know that you liked cycling. What color is your electric bicycle? And was it expensive? About your question, I think electric bicycles will become more popular. Many people use bicycles to carry things or take their young children to kindergarten. These things are easier with an electric bicycle.

(50語)

問題文の訳

こんにちは！

ねえねえ，聞いて！　母が先月私に電動自転車を買ってくれたのよ。私の地域は坂が多いので，ここでふつうの自転車に乗るのは難しいの。でも，私の新しい自転車なら坂を上るのが楽よ。今度の土曜日に会ったら，乗ってもいいよ。電動自転車は便利なんだけど，長距離走行には向かないわ。遠くまで行きすぎると，バッテリーが切れてしまうもの。あなたは今後，電動自転車がもっと普及すると思う？

あなたの友達
サブリナ

こんにちは，サブリナ！

Eメールをありがとう。
［解答欄に記入しなさい。］
それでは，

解答例の訳

あなたが自転車に乗るのが好きだとは知らなかったなあ。あなたの電動自転車は何色なの？そして，それは値段が高かったの？　あなたの質問については，電動自転車はもっと普及すると思うよ。物を運んだり幼い子供を幼稚園まで送っていったりするのに自転車を利用している人が多いからね。電動自転車の方がこれらのことが楽だもの。

解説

　サブリナからのEメールで読み取るべきポイントは，話題が電動自転車であることと，最後に「今後，電動自転車はもっと普及すると思うか」という質問が尋ねられていることの2点である。また，電動自転車については，自宅付近に坂が多いこと，次の土曜日に会ったときに試乗させてあげること，長距離走行に適さずバッテリーが切れてしまうことが説明されている。

　ポイント3で学習した返信メールの内容と構成を踏まえて，まずはサブリナからのEメールに対するリアクションを書こう。解答例では，I didn't know that you liked cycling.「あなたが自転車に乗るのが好きだとは知らなかった」としている。自転車をもらったうれしい報告なので，I'm glad to hear that you got an electric bicycle.「あなたが電動自転車を手に入れたと聞いてうれしい」などと表現してもよい。また，サブリナは試乗してもいいと言ってくれているので，I can't wait to ride your new electric bicycle.「あなたの新しい電動自転車に乗るのが待ちきれない」などと応答することもできるだろう。

　次に下線が引かれている「電動自転車」の特徴について具体的な質問を2つ書く。解答例では，What color is your electric bicycle?「あなたの電動自転車は何色か」と色についてと，was it expensive?「それは高かったか」と値段について尋ねている。このように質問は疑問詞で始まる疑問文でも，Yes/Noで答える疑問文でもどちらでもよい。ほかには，サブリナは問題点としてバッテリーについて述べているので，How long does the battery last?「どのくらいバッテリーは持つのか」などと尋ねても自然な質問となるだろう。

　最後に相手の質問に対する回答を書く。解答例では，About your question「あなたの質問については」で始めて，ここから回答が始まることをはっきり示している。まず，「電動自転車は普及すると思う」と自分の意見を述べ，その後で，その理由として物を運ぶことや子供の幼稚園への送迎に自転車を利用する人が多く，電動自転車ならそれが楽で

あると説明している。逆の立場で答える場合には，Electric bicycles are not very cheap. 「電動自転車の値段はあまり安くない」などの理由が考えられる。

全体の語数が40〜50語程度になっていることも確認しよう。この解答例では，リアクションと質問はコンパクトにまとめられており，その分，質問の回答の部分，特にその理由を少し丁寧に説明している。

英作文問題を攻略！①

今日の目標

準2級の英作文問題では，50語から60語の長さの英文を書くことが求められる。自分の意見と理由を英文でまとめなければならないので少し戸惑うかもしれないが，今日はその第一歩として，筆記6はどのような問題なのか，どういう手順で解けばよいのかを考えるところから始めたい。

▶ ポイント1　準2級の英作文問題を理解する

英作文問題では，まずQUESTIONが提示される。ほとんどがDo you think ～?「～だと思いますか」という質問だが，それに対して「賛成（Yes）」か「反対（No）」のどちらの立場に立つかを決めなければならない。現実的には「どちらもあり得る」ということも考えられるが，この問題では必ずどちらかの立場をとる。

次にその意見に対して理由を2つ挙げる。「理由」は先に示した「意見」に対して説得力のあるものでなければならない。内容的にはこの部分が一番重要である。

全体の語数は50語～60語で，解答にかける時間の目安は20分である。

> **準2級の英作文問題**
> **（筆記6）**
> ・QUESTIONに対する自分の意見を述べる
> ・理由を2つ説明する
> ・語数は50語～60語
> ・目標解答時間は20分

▶ ポイント2　英文の順番・構成をマスターする

英文は「意見」→「理由2つ」→「まとめ」の3つで構成する。

「意見」では，「賛成（Yes）」か「反対（No）」かをI think ....またはI don't think ....などを用いて書き出すのが基本である。

「理由」は2つ挙げる。最初の理由はFirst(ly)「まず，第一に」，2つ目の理由はSecond(ly)「第二に」などで始めて書くとよい。

最後に，最初に述べた「意見」を繰り返して全体のまとめとする。For these reasons「これらの理由により」やTherefore「したがって」などで始めて，この文がまとめであることを示す。語数がオーバーしそうなら，最後のまとめは省略してもよい。

> **意見：**
> YesかNoか

> **理由：**
> 理由①
> 理由②

> **まとめ：**
> 「意見」の繰り返し
> （省略可）

ポイント3 ▶ 書き始める前に書く内容をメモする

書き始める前に必ず構想をメモしよう。ポイント2で見た全体の構成からもわかるように，構想として考えるべきことは，

① 「意見」として賛成・反対のどちらの立場をとるか
② ２つの理由として何を挙げるか

の２点である。解答を書き始める前に，この２点について簡単にメモを作りたい。メモは日本語で構わないが，自分が英語に直せるような内容になるように心がけよう。

以下にあるのは「人々は健康のためにもっと運動をすべきだと思いますか」というQUESTIONが提示されたときのメモの例である。

メモ例✎ **QUESTION: Do you think people should exercise more for their health?**

賛成 (Yes)	反対 (No)
・今の生活では体重が増えてしまう	・ジムなどにお金がかかる
・運動するとストレス発散	・仕事で忙しい

上のメモでは，「賛成（Yes）」場合と「反対（No）」場合の両方について書いたが，実際にはどちらか一方のみが書ければよい。解答時間も限られているのでメモは２分程度でさっと書くようにしよう。

それでは，実際の問題を見てみよう。これは，「賛成（Yes）」の立場をとった場合の例である。（このメモに沿った「反対（No）」の解答例は17日目に示す→p.133）

例題
● あなたは，外国人の知り合いから以下の**QUESTION**をされました。
● **QUESTION**について，あなたの意見と<u>その理由を２つ</u>英文で書きなさい。
● 語数の目安は50語〜60語です。
● 解答が**QUESTION**に対応していないと判断された場合は，<u>0点と採点されることが</u><u>あります</u>。**QUESTION**をよく読んでから答えてください。

QUESTION
Do you think people should exercise more for their health?

解答例 I think people should exercise more for their health. I have two reasons. First, modern life makes us gain weight. Many of us, for example, sit all day at work and often eat fast food. Second, exercising can make us happier. When we exercise, we feel refreshed and can relieve our daily stress. Therefore, people should do more exercise. (59語)

訳 QUESTION　人々は健康のためにもっと運動をすべきだと思いますか。

私は，人々は健康のためにもっと運動をすべきだと思います。理由は2つあります。第一に，現代の生活のせいで私たちは体重が増えています。例えば，私たちの多くは仕事で一日中座っていますし，よくファストフードを食べます。第二に，運動することで私たちはより幸せになることができます。運動をすると，気分が爽快になり，日常のストレスを発散することができます。したがって，人々はもっと運動をすべきです。

解説 質問は「人々は健康のためにもっと運動をすべきかどうか」である。ポイント2の全体の構成を頭に入れながら，ポイント3で紹介したメモを作ることから始めよう。ここでは，「賛成」の立場をとり，理由として「体重増加の問題」と「ストレス発散」の2つを挙げている。

■意見
　最初に自分の意見をはっきり書く。「賛成」の立場なので，I think (that)の後に，QUESTIONの文をそのまま利用してpeople should exercise more for their healthと続ければよい。語数を超過しそうな場合はYes, I do.としてもよい。

■理由
　次にその意見に対する理由を2つ述べる。解答例にあるように，まずI have two reasons.「理由は2つあります」など述べて，次に理由が2つくることを示してもよい。1つ目の理由はFirst「第一に」で導入している。最初に〈make＋目的語＋原形不定詞〉「（目的語）に～させる」の文を用いて，「現代生活は人々の体重を増やしている」ということを指摘する。gain weightは「体重が増える」である（⇔ lose weight「体重が減る」）。それだけでは説得力に欠けるので，その例として「仕事で一日中座っている（sit all day at work）」こととファストフード（fast food）の飲食を挙げた。for example「例えば」という接続表現を用いていることにも着目しよう。
　2つ目の理由はSecond「第二に」で導入している。2つ目の理由は「ストレス発散」だが，まず，「運動によって私たちはより幸せになれる（exercising can make us happier）」とやや抽象的に書き，その後で，より具体的に「運動すると気分が爽快になり，日常のストレスを発散できる」と書いて内容を深める。このように理由を述べるときには，最初に一般論を述べ，次にそれをより具体的に述べると説得力のある展開にすることができる。

■まとめ
　まとめを導く表現としてTherefore「したがって，ゆえに」を用いた。その後には，冒頭の「意見」を繰り返して書けばよいが，解答例ではdo more exerciseと言い換えている。

次のページからは練習問題。ここで学んだことを使って問題を解いてみよう！

bear 動 ～を我慢する　seem 動 ～のようだ　explain 動 （～を）説明する

7 日目　練習問題

目標時間 **20**分

- あなたは，外国人の知り合いから以下の**QUESTION**をされました。
- **QUESTION**について，あなたの意見とその理由を2つ英文で書きなさい。
- 語数の目安は50語～60語です。
- 解答は，下の英作文解答欄に書きなさい。なお，解答欄の外に書かれたものは採点されません。
- 解答が**QUESTION**に対応していないと判断された場合は，<u>0点と採点されることがあります。</u>
  QUESTIONをよく読んでから答えてください。

QUESTION

Do you think school lunches are good for students?

英作文解答欄

5
10
15

解答例

I think school lunches are good for students. I have two reasons for this. First, school lunches are made with healthy food. This is important for young people's growing bodies. Second, school lunches are often cheap. Everyone can afford a healthy lunch. Therefore, I believe it is good for all students to eat school lunches.

(55語)

QUESTION
学校給食は生徒にとってよいと思いますか。

解答例

私は，学校給食は生徒にとってよいと思います。これには理由が2つあります。第一に，給食は体によい食べ物で作られています。これは若者の成長する体にとって重要です。第二に，給食はしばしば安価です。全員が健康的な昼食をとることができます。したがって，私は給食を食べるのはすべての生徒にとってよいことだと思います。

解説

質問は「学校給食は生徒にとってよいと思うか」である。まず，構想を練るために簡単なメモを取ろう。解答例では，「Yes（賛成）」の立場をとることとし，その理由を「体によい」ことと「安い」の2つとした。

■意見
　まず，自分の意見を書くことから始める。「賛成」の場合，I think (that) に続けて，質問文をそのまま使って school lunches are good for students と続ければよい。

■理由
　次に理由を述べる。解答例にあるように最初に I have two reasons for this.「これには理由が2つある」などと書くと，読み手に次に理由が2つくることを予測させることができ，構成のしっかりした文章になる。
　1つ目の理由は First「第一に」で始める。まず，school lunches are made with healthy food「給食は体にいい食べ物で作られている」と書き，それに続けてそのことがなぜ重要であるかを This is important for young people's growing bodies.「これは若者の成長する体にとって重要である」と説明する。
　2つ目の理由は Second「第二に」で始める。まず，school lunches are often cheap「給食はしばしば安い」とズバリ書く。その次に，そのことが重要である理由として，1つ目の理由を踏まえた上で，Everyone can afford a healthy lunch.「全員が健康的な昼食をとることができる」とつなげる。
　このように理由を書くときには，最初にその理由の核心部分をズバリ書き，その次にそれが重要である理由を続けるなどして膨らませ，より説得力のある内容になるようにしよう。また，1つの理由につき2つの文で書くのを目安にすると，ちょうど50〜60語くらいの長さの文章にまとめやすいことも覚えておくと便利である。

■まとめ
　最後にまとめの文を書いて，全体の文章を締めくくる。解答例では，まとめを導く表現として Therefore「したがって」を用いている。その後には冒頭の意見を繰り返して書けばよいが，可能ならば内容を変えずに別の表現で言い換えると，バリエーションが出てさらによい解答になる。この解答例では，理由を述べた後なので，I think を I believe に変えて自分の確信度を上げ，it is good for 〜 to do の形で表現してある。

「反対」の立場ならば

解答例

I don't think school lunches are good for students. First, students can't choose the menu items freely. Sometimes, there are some foods they can't eat, so they will have to waste food. Second, it takes time to serve school lunches. It is simpler to bring packed lunches. For these reasons, I believe school lunches are not necessary.　　　　　(57語)

私は，学校給食は生徒にとってよいとは思いません。第一に，生徒は自由にメニューを選べません。時々彼らが食べられない食べ物もあり，そのため食べ物を無駄にすることになってしまうでしょう。第二に，給食を配膳するには時間がかかります。弁当を持ってくる方が簡単です。これらの理由により，私は，学校給食は必要ないと思います。

→「反対」の立場の理由としては，「メニューが自由に選べない」や「配膳に時間がかかる」などが考えられるだろう。解答例では，メニューが選べない結果として，生徒によっては食べられないものが出されてしまい食べ物を無駄にしなければならない状況が発生すること，さらに，弁当を持ってくることにくらべて給食は配膳するのに時間がかかることが述べられている。まとめの文はFor these reasons「これらの理由により」で導入し，理由を述べた後なので，「学校給食は必要ないと思う」と少し強めに結論づけている。

□ menu　メニュー

□ waste　〜を無駄にする

□ simple　簡単な

7
日目

筆記
6

8 日目

会話の応答文選択問題を攻略！ ①

今日の目標

リスニングテストは短時間で即答を求められるので，必ず事前にその形式と解き方の手順を確認しておきたい。リスニングの初回である今回は男女の会話形式である第1部を取り上げる。まずは，会話の2人の関係，その場面と状況をつかむ。

〈リスニング第1部の出題形式〉

　男（★）女（☆）2人の会話（★→☆→★ または☆→★→☆）に続く応答を，3つの選択肢から選ぶ問題。会話と選択肢は一度だけ放送される。選択肢は問題冊子に印刷されていない。また，第1部に限り，実際の問題に入る前に例題が1題放送される。問題は全部で10題で，そのうち電話での会話が2題程度出題される。解答時間は各問10秒。

〈基本的な攻略法〉

　最初のやりとりでは，2人の話者の関係と会話の場面・状況をつかむことに集中する。その上で，最後の発言を注意して聞き，それに最も自然につながる応答を選ぶのが基本的な解き方である。予想される応答をあらかじめ自分で推測した上で選択肢を聞いていくと効率よく解答できる。

▶ ポイント1　話者の関係をつかむ

　よく出題される2人の話者の関係は以下の通りである。お互いをどう呼び合っているかに注意して判断しよう。

① **同僚，友人同士**
　→DavidやVickyなどと，名前で呼び合う。
② **家族（父と娘，母と息子，夫婦など）**
　→親子ならDad「お父さん」やMom「お母さん」，夫婦ならhoney「あなた，君」などと呼び合う。
③ **店員と客**
　→客に対してsir（男性の敬称）やma'am（女性の敬称）を使う。
④ **初対面の人（警察官，看護師，図書館員，駅員，受付など）**
　→最初にExcuse me.などと話しかける。警察官ならOfficerと呼ぶ。

▶ ポイント2　会話の場面・状況をつかむ

　会話にはそれが行われている場面や状況がある。よく出題される会話の場面・状況には次のようなものがある。

① **家，学校**
　→夕食の予定，親からの注意，課題の相談，教師への依頼など。
② **店，レストラン，ホテル，映画館**
　→レストランでの注文，ホテルでのチェックイン，映画館でのチケット購入など。

③ **病院，スポーツクラブ，図書館，郵便局，美術館，電車内，飛行機内**
　→診察，入会問い合わせ，図書館での貸し出し，荷物の発送，運行予定など。

④ **電話（注文，問い合わせ，お願い）**
　→宿泊の予約，講座内容の問い合わせ，父に迎えのお願いなど。

⑤ **路上（駅，バス停，公園など）**
　→道を尋ねる，乗るバスを尋ねる，相手の行為を注意するなど。

例 題

【放送される英文】（選択肢はすべて放送されます）

★：Did you say that you'd like a ticket to Sydney, ma'am?

☆：Yes, that's right. Economy class, please.

★：OK, that'll be 400 dollars. How will you be paying?

　1 Here's my ticket.

　2 At the gate, I guess.

　3 By credit card, please.

解 説 最初に男性が女性にma'amと呼びかけているので，この2人は店員と客だと推測する。さらに最初のやりとりでDid you say that you'd like a ticket to Sydney「シドニー行きのチケットが欲しいと言いましたか」→Economy class, please.「エコノミークラスをください」より，航空券を購入する場面だとわかる。それを踏まえた上で，最後の発言 How will you be paying?「どのように支払われますか」を注意して聞く。これは，支払いの方法を尋ねる疑問文なので，By credit card, please.「クレジットカードでお願いします」と答えている**3**が正解。

解答：3

訳 ★：お客さま，シドニーまでの切符をお求めとおっしゃいましたか。
　☆：ええ，そうです。エコノミークラスをお願いします。
　★：かしこまりました。400ドルでございます。お支払いはどのようになさいますか。
　　1 私の切符はこれです。
　　2 ゲートのところでだと思います。
　　3 クレジットカードでお願いします。

8
日目

リスニング1

次のページからは練習問題。ここで学んだことを使って問題を解いてみよう！

対話を聞き，その最後の文に対する応答として最も適切なものを，放送される1，2，3の中から一つ選びなさい。

No. 1〜No. 10
（選択肢はすべて放送されます）

🔊 002～011

No. 1 解答 2

★：You look worried, Rachel. What's up?

☆：Oh, hi, Mike. I had my wallet stolen.

★：That's too bad. Have you reported it to the police?

1 I'm sorry about that.

2 Not yet, but I think I should.

3 Yes, I'm glad to.

★：困った様子だね，レイチェル。どうしたの？

☆：あら，マイク。お財布を盗まれてしまったのよ。

★：それは大変だ。警察には届けたの？

　1 すみません。

　2 まだだけど，そうしなければいけないわね。

　3 ええ，喜んでそうするわ。

解説 友人同士の会話。What's up? は「どうしたの？」「何かあったの？」「調子はどう？」などと相手の様子を尋ねる表現。最後の疑問文 Have you reported it to the police? を注意して聞くのがポイント。「警察には届けたの？」という質問に対して適切な解答は **2**。

□ have ＋目的語＋過去分詞
　（目的語）を～される，してもらう

□ report　～を報告する

No. 2 解答 1

☆：Honey, did you buy the concert tickets yet?

★：I ordered them yesterday. They'll arrive next week.

☆：Wonderful! I can't wait to see the show.

1 I know. I'm excited, too.

2 I know. They sold out before I could get them.

3 I know. The ticket office is closed.

☆：ねえ，もうコンサートのチケットは買ったかしら？

★：昨日注文したよ。来週届くと思うよ。

☆：すばらしい！　ショーを見るのを待ちきれないわ。

　1 そうだね。僕もワクワクするよ。

　2 そうだね。手に入れる前に売り切れたよ。

　3 そうだね。チケット売り場は閉まっているよ。

解説 冒頭の Honey という呼びかけから，これは夫婦の会話だと判断できる。2人はコンサートのチケットの購入を確認している。最後の妻の発言 I can't wait to see the show. 「ショーを見るのを待ちきれないわ」に適切な応答は，自分もそうだと答えている **1**。

8
日目

リスニング1

No. 3 解答 2

☆：Sorry, I was out when you called yesterday, Brian.

★：That's all right, Emma. Where did you go?

☆：I went to the doctor because I had a bad cold.

  1 I told you so before.

  2 Are you better now?

  3 I really hope so.

> ☆：昨日電話してくれたとき外出していてごめんなさい，ブライアン。
>
> ★：いいよ，エマ。どこに行っていたの？
>
> ☆：ひどい風邪をひいていたので，お医者さんに行っていたのよ。
>
>   **1** 君に前にそう話したよ。
>
>   **2** 今はよくなった？
>
>   **3** 本当にそうだといいね。

解説 友人同士の会話。最終文のI went to the doctor because I had a bad cold. が聞き取りのポイント。正解は，体調が悪かった女性に対してもうよくなったのかと尋ねている**2**。

No. 4 解答 3

☆：Nice meeting you, Mr. Roberts. Do you live around here?

★：I live in Drayton, Kate.

☆：Really? I live in the same town. I'd be glad to give you a ride home, if you like.

  1 It's a nice town.

  2 I go there every day.

  3 That's very kind of you.

> ☆：お会いできて光栄でした，ロバーツさん。このあたりにお住まいですか。
>
> ★：私はドレイトンに暮らしていますよ，ケイト。
>
> ☆：本当ですか。私も同じ町に住んでいます。よろしかったらお家まで車でお送りします。
>
>   **1** そこはいい町です。
>
>   **2** 私は毎日そこに行きます。
>
>   **3** ご親切にありがとうございます。

解説 初対面で会った2人が別れる場面である。give ～ a ride で「～を車で送る」という意味。車で送るという申し出に対するお礼を言っていると考えて，**3**を選ぶ。That's very kind of you.「ご親切にありがとう」はお礼の定番表現である。

> Nice meeting you. 「お会いできて光栄でした」は初対面の2人が別れるときに使われる表現。

seed 名 種　　land 名 陸地　　medicine 名 薬

No. 5 解答 1

★：Excuse me. I'd like to have this suit cleaned.
☆：Certainly, sir. It won't take long.
★：That's good. When can I pick it up?
　1 Please stop by tomorrow morning.
　2 No, you can't leave it here.
　3 It's not ready yet.

> ★：すみません。このスーツをクリーニングしてもらいたいのですが。
> ☆：かしこまりました，お客様。それほど時間はかかりませんよ。
> ★：それはよかった。いつ受け取れますか。
> 　**1** 明日の朝，寄ってください。
> 　**2** いいえ，それをここに置いておくことはできません。
> 　**3** それはまだ用意ができていません。

解説 クリーニング店での客と店員との会話である。会話最後の疑問文を注意して聞く。pick up 〜 [pick 〜 up]は「（注文したものなど）を取りに行く」という意味。When 〜? と「時」を尋ねているので，正解は**1**。

No. 6 解答 1

☆：Was your meal OK, sir?
★：It was delicious, but I couldn't eat it all.
☆：Would you like to take it home?
　1 That would be great. Thanks.
　2 Well, it is close to here.
　3 Ah, the food is cold.

> ☆：お客様，お食事は大丈夫でしたか。
> ★：おいしかったけど，全部は食べきれませんでした。
> ☆：お持ち帰りになりますか。
> 　**1** それはいいですね。ありがとう。
> 　**2** ええと，それはこの近くです。
> 　**3** ああ，料理が冷たいです。

解説 レストランでの店員と客の会話である。店員は料理の感想を聞いた後で，Would you like to take it home?「それをお持ち帰りになりますか」と尋ねている。適切な応答は，それをお願いしている**1**。

□ take 〜 home
　〜を持ち帰る

No. 7 解答 2

☆：Excuse me. Is this the train to Boston?

★：No, this is going to New York. That train leaves from another platform.

☆：Do you know which platform it leaves from?

1 Yes, this is the right one.

2 I think it's number eight.

3 No, the train is too crowded.

> ☆：すみません。これはボストン行きの列車ですか。
> ★：いいえ，これはニューヨークに行きます。その列車なら別のホームから出ますよ。
> ☆：それがどのホームから出るのかわかりますか。
> **1** はい，これが正しいホームです。
> **2** 8番線だと思います。
> **3** いいえ，その列車は混みすぎです。

解説 Excuse me. と相手に呼びかけているので，初対面の2人の会話である。女性は駅で自分が乗る列車を確認している。最後の質問 Do you know which platform it leaves from? は列車が何番線から出るのかを尋ねているので，正解は **2**。

No. 8 解答 2

★：Hello. Wyatt Harada speaking.

☆：Hello, Mr. Harada. This is Bernard's Bookstore. I'm calling to tell you that the book you ordered has just arrived.

★：Thanks. I'd like to pick it up today.

1 Sorry, you have to wait another week.

2 All right. We're open until seven today.

3 I'm afraid you bought the wrong book.

> ★：もしもし。ワイヤット・ハラダです。
> ☆：こんにちは，ハラダさん。こちらはバーナード書店です。ご注文の本が先ほど届いたことをお伝えするためにお電話しております。
> ★：ありがとう。今日取りに行きたいのですが。
> **1** すみませんが，もう1週間お待ちいただかないといけません。
> **2** 承知しました。今日は7時まで営業しております。
> **3** 恐れ入りますが，間違った本をご購入されたと思います。

解説 書店から客への電話である。用件は注文の本が届いたという連絡。その知らせに対して，客が「今日取りに行きたいのですが」と言っているので，それに対して適切な応答は「7時まで営業している」と答えている **2**。I'm calling to do. は「～するために電話している」と電話の用件を伝えるときの言い方である。

insect图 虫　　mall图 ショッピングモール　　smartphone图 スマートフォン

No. 9　解答　**1**

★：I'm home, Mom.

☆：Oh, Joe. How was your day?

★：Well, we had a math test today. I think I made a lot of mistakes.

　1 Cheer up! Try harder next time.

　2 I see. That's good to hear.

　3 Of course. You can do it again.

> ★：ただいま，お母さん。
> ☆：あら，ジョー。今日はどうだった？
> ★：うーん，数学のテストがあったんだ。たくさん間違えちゃったと思うなあ。
> 　**1** 元気出して！　次にもっと頑張りなさいね。
> 　**2** わかったわ。それを聞いてうれしいわ。
> 　**3** もちろん。もう一度やれるわよ。

解説 息子と母親の会話。数学のテストでI made a lot of mistakes「たくさん間違えた」と言う息子に対して，適切な応答は **1**。Cheer up!「元気出して！」は相手を励ますときに用いる表現である。

No. 10　解答　**3**

★：Hello. This is Ted. Is Debbie in?

☆：Hi, Ted. I'm sorry, but she's not here. Why don't you try calling her smartphone?

★：I did, but she didn't answer. Do you know where she is?

　1 It's 313-270-6863.

　2 OK, I'll tell her.

　3 I'm afraid not.

> ★：もしもし。テッドですが，デビーはいますか。
> ☆：こんにちは，テッド。残念だけど彼女はここにはいないわ。スマートフォンに電話してみたら？
> ★：してみましたが，出なかったんです。彼女がどこにいるか知っていますか。
> 　**1** それは，313-270-6863よ。
> 　**2** わかった，彼女に伝えておくわ。
> 　**3** 悪いけど知らないの。

解説 電話での会話。最後のDo you know where she is?に対する応答として適切なものを選ぶ。正解は **3**。I'm afraid not. は，好ましくないことについて「悪いけれど～ではないと思う」という意味。ここでは，I'm afraid I don't know (where she is). ということである。

会話の内容一致選択問題を攻略！①

今日の
目　標

リスニングテスト第2部では，会話の後に質問が流れる。第1部と同様，まずは，2人の関係，場面・状況を確実にとらえよう。その上で，その会話が次のやりとりでどのように展開していくのかを聞き取っていくのがコツである。

〈リスニング第2部の出題形式〉

　第1部より少し長い男女の会話（★→☆→★→☆ または ☆→★→☆→★）と，その内容に関する質問が放送される。その質問に対し，問題冊子に印刷された4つの選択肢から最も適切なものを選ぶ。問題は全部で10題で，会話と質問は一度しか放送されない。解答時間は各問10秒である。

〈基本的な攻略法〉

　会話は2人の間で2回やりとりされるので，最初のやりとりでは，2人の関係，会話の場面・状況，会話の話題を理解することに集中しよう。2回目のやりとりでは，その会話がどのように展開するかに注意する。質問には一定のパターン（⇒19日目）があるので，おさえておくと効率よく解答できる。

ポイント1　会話冒頭の発話を逃さず聞き取る

　第1部と同じように，会話の冒頭の発話で2人の話者の関係と会話の場面・状況をおさえよう。状況や話題がわかれば，次に聞き取るべきポイントがはっきりすることもある。さらに，そのポイントが質問に関係することも多い。2つの例を見てみよう。

例1　★：Hurry up, Meg. We won't catch the bus.（急いで，メグ。バスに乗れないよ）
　　　⇒男性がメグを急かしている。メグがバスに乗り遅れそうなのはなぜかを聞き取る。
　　　実際の質問：What is Meg's problem?（メグの問題は何ですか）

例2　☆：That was a wonderful concert, wasn't it?（すばらしいコンサートだったわね）
　　　⇒女性はコンサートの感想を言っている。男性の感想は何かを聞き取る。
　　　実際の質問：What did the man say about the concert?
　　　　　　　　　（男性はそのコンサートについて何と言っていますか）

ポイント2　会話の流れと展開をとらえる

　最初のやりとりで2人の話者の関係や会話の場面・状況，話題がつかめたら，次のやりとりではそれがどのように展開していくかに注意しよう。例を見てみよう。

1回目のやりとり	2回目のやりとり
パーティーに友人を誘う	⇒パーティーで用意するものを相談する
動物園で見たい動物がいないと訴える	⇒その動物がいない理由を答える
母に友人を家に連れてきていいか尋ねる	⇒家でしたいことを話す
父親の転勤で引っ越す	⇒いつ引っ越す予定かを尋ねる
試験が近づいてとても忙しい	⇒一緒に勉強しないか誘う
友人に脚の虫刺されについて聞かれる	⇒医者から受けた処置を説明する

例 題

【放送される英文】 🔊)) 012

☆：Hi, Bill. I didn't see you at the office yesterday.

★：Well, I didn't feel well, so I stayed home in bed.

☆：What was the problem?

★：I had a bad cough and a fever.

Question: Why didn't the man go to the office yesterday?

【問題冊子に印刷された英文】

　1 He woke up late.

　2 He was sick.

　3 He had many things to do at home.

　4 He went to see a dentist.

解 説 最初のやりとりで，2人が会社の同僚同士で，男性が体調不良で昨日会社を休んだという状況を理解する。2回目のやりとりで，女性はWhat was the problem?と具体的に男性の体調不良の原因を尋ね，それに対して男性はI had a bad cough and a fever.「ひどいせきと熱があった」と答えている。質問は男性の欠勤の理由を尋ねているので，正解は**2**。

解答：**2**

訳 ☆：こんにちは，ビル。昨日あなたを会社で見かけなかったけど。

★：うん，気分がよくなくて，家で寝ていたんだ。

☆：どこか悪かったの？

★：せきがひどくて熱もあったんだ。

質問：昨日，男性はなぜ会社に行かなかったのですか。

　1 起きるのが遅かった。

　2 病気だった。

　3 家ですることがたくさんあった。

　4 歯医者に診てもらいに行った。

次のページからは練習問題。ここで学んだことを使って問題を解いてみよう！

price 名 価格　fact 名 事実　department 名 （集合的に）（企業などの）部

9 日目　練習問題

対話を聞き，その質問に対して最も適切なものを1，2，3，4の中から一つ選びなさい。

□□ **No. 1**　**1** At a school.
　　　　　　2 At a restaurant.
　　　　　　3 At a bank.
　　　　　　4 At a supermarket.

□□ **No. 2**　**1** By talking with a friend.
　　　　　　2 By meeting him in person.
　　　　　　3 By looking at his website.
　　　　　　4 By receiving an e-mail.

□□ **No. 3**　**1** Have lunch with Taro's mom.
　　　　　　2 Go shopping for books.
　　　　　　3 Go to the library together.
　　　　　　4 Help to prepare dinner.

□□ **No. 4**　**1** Study for tomorrow's test.
　　　　　　2 Play with Andrew.
　　　　　　3 Help her cook dinner.
　　　　　　4 Do some shopping.

□□ **No. 5**　**1** By car.
　　　　　　2 By bicycle.
　　　　　　3 By subway.
　　　　　　4 By bus.

□□ **No. 6**　**1** The dress is on sale.

　　　　　　2 The sale is over.

　　　　　　3 The dress is sold out.

　　　　　　4 The sale starts tomorrow.

□□ **No. 7**　**1** Find out the color of the hat.

　　　　　　2 Find his hat.

　　　　　　3 Know how to get to the library.

　　　　　　4 Know what the hat is made of.

□□ **No. 8**　**1** How much he should spend on his wife.

　　　　　　2 Where he can buy a present for his wife.

　　　　　　3 When he should give a present to his wife.

　　　　　　4 What he should eat with his wife.

□□ **No. 9**　**1** He was given the wrong food.

　　　　　　2 The steak is too expensive.

　　　　　　3 The waitress brought the wrong bill.

　　　　　　4 He has forgotten his credit card.

□□ **No.10**　**1** Start cleaning the living room.

　　　　　　2 Play the flute with her.

　　　　　　3 Take her to her lesson.

　　　　　　4 Finish putting away clothes.

9
日目

リスニング
2

🔊))) 013〜022

No. 1 解答 **2**

★ : Excuse me. May I have a menu, please?
☆ : Yes, sir. Here you are.
★ : Let me see .... I'll have the roast beef with a green salad.
☆ : Certainly, sir.
Question: Where are the man and woman talking?

☐ roast beef
　ローストビーフ

> ★ : すみません。メニューをいただけますか。
> ☆ : はい，お客さま。こちらでございます。
> ★ : えーと…。グリーンサラダが付いたローストビーフにします。
> ☆ : かしこまりました，お客さま。
> 質問：男性と女性はどこで話をしていますか。
> 　**1** 学校で。
> 　**2** レストランで。
> 　**3** 銀行で。
> 　**4** スーパーで。

解説 最初のやりとりでmenu「メニュー」の受け渡しをしていることから，これはレストランでの客と店員の会話だとわかるので，正解は**2**。2回目のやりとりで，男性がI'll have the roast beef with a green salad.「グリーンサラダが付いたローストビーフにします」と具体的に料理を注文していることもヒントになる。

No. 2 解答 **4**

☆ : I got an e-mail from Steve yesterday.
★ : Really? How's he doing?
☆ : He says that he's studying engineering at university.
★ : That's good. He always said he wanted to do that.
Question: How did the girl get news about Steve?

☐ engineering　工学

> ☆ : スティーブから昨日，Eメールをもらったのよ。
> ★ : 本当？　どうしているって？
> ☆ : 大学で工学を勉強しているんですって。
> ★ : それはよかった。彼はそうしたいっていつも言っていたからね。
> 質問：女の子はスティーブについての知らせをどうやって知りましたか。
> 　**1** 友人と話すことによって。
> 　**2** 彼と直接会うことによって。
> 　**3** 彼のウェブサイトを見ることによって。
> 　**4** Eメールを受け取ることによって。

解説 最初のやりとりから，これは友人同士の会話で，2人は共通の友人Steveについて話していることがわかる。会話冒頭で女性がI got an e-mail from Steve yesterday.「スティーブから昨日，Eメールをもらった」より，正解は**4**。2回目のやりとりでは，2人はスティーブの現在の状況について話している。

No. 3 解答 **3**

☆：Hello?

★：Hi, Martha. It's Taro. I'm going to the library later to borrow some comic books. Do you want to come?

☆：Sure. I need to return some books. What time are you going?

★：My mom is making my lunch now, so I'll come to your house after I've eaten.

Question: What will the boy and girl do later?

☆：もしもし。

★：やあ，マーサ。タロウだよ。僕，後でマンガ本を返しに図書館へ行くんだ。一緒に行かない？

☆：いいわよ。私も本を返す必要があるの。何時に行くの？

★：お母さんが今，僕の昼食を作っているから，食べ終わったら君の家に行くよ。

質問：男の子と女の子は後で何をする予定ですか。

1 タロウの母と昼食をとる。

2 本を買いに行く。

3 一緒に図書館へ行く。

4 夕食の準備を手伝う。

解説 友人同士の電話での会話。最初のやりとりでタロウが「図書館に行く予定だ」と言い，Do you want to come? とマーサを誘い，マーサがその誘いに Sure. と言って応じているので，正解は **3**。2回目のやりとりでは，具体的に図書館へ一緒に行く時間や会う方法が話されている。

No. 4 解答 **4**

☆：Alex, will you go to the supermarket to get some cheese?

★：Me again? Mom, I'm playing video games now. Ask Andrew.

☆：Well, he is busy studying for tomorrow's exams. Can you, please, Alex?

★：All right.

Question: What does the boy's mother ask him to do?

☆：アレックス，チーズを買いにスーパーに行ってくれないかしら？

★：また僕？ 母さん，僕は今テレビゲームをしているんだ。アンドリューに頼んでよ。

☆：うーん，アンドリューは明日の試験のための勉強で忙しいのよ。アレックス，お願い。

★：わかったよ。

質問：男の子の母親は彼に何をすることを頼んでいますか。

1 明日のテストの勉強をする。

2 アンドリューと遊ぶ。

3 彼女が夕食を作るのを手伝う。

4 買い物をする。

解説 母と息子の会話。冒頭部分から母がアレックスに買い物を頼んでいることをつかむ。質問はこの部分を尋ねているので，正解は **4**。アレックスはそれに難色を示すが，2回目のやりとりでは，母が再度お願いしている。

9
日目

リスニング2

NOTES

□ drive ～ home
　　～を車で送っていく

□ subway　地下鉄

No. 5　解答　2

★：Megan, shall I drive you home?

☆：No thanks, Tim. I ride a bike to the office every day.

★：Really? That must take longer than the bus or the subway.

☆：Yes, but it's fun. It's also good exercise for me.

Question: How does the woman come to work every day?

> ★：メーガン，家まで車で送っていこうか。
>
> ☆：いいえ，ありがとう，ティム。私，毎日会社まで自転車で来ているの。
>
> ★：本当？　それはバスや地下鉄より時間がかかるよね。
>
> ☆：ええ，でも楽しいわよ。それに私にはいい運動なの。
>
> 質問：女性は毎日どのようにして仕事に来るのですか。
>
> 　**1** 車で。
> 　**2** 自転車で。
> 　**3** 地下鉄で。
> 　**4** バスで。

解説 同僚同士の会話。帰宅場面である。最初のやりとりで女性がI ride a bike to the office every day.「毎日会社まで自転車で来ている」と話しているので，正解は**2**。**3**の「地下鉄」と**4**の「バス」は2回目のやりとりで男性の「バスや地下鉄よりも時間がかかるに違いない」という発言に出てきているのみ。

□ on sale　セール中で

□ half (the) price　半額

No. 6　解答　1

☆：Wow! This dress is beautiful. How much is it?

★：Normally it's 350 dollars. But it's on sale today and tomorrow.

☆：Really? How much can I save?

★：You can get it now for half the price.

Question: What is one thing the man says?

> ☆：あら！　このドレスはきれいね。おいくらかしら？
>
> ★：通常は350ドルですが，今日と明日はセール中です。
>
> ☆：本当なの？　いくらお得なのかしら？
>
> ★：今ならその半額でお求めになれます。
>
> 質問：男性が言っていることの1つは何ですか。
>
> 　**1** そのドレスはセール中である。
> 　**2** セールは終了した。
> 　**3** そのドレスは売り切れである。
> 　**4** セールは明日始まる。

解説 洋服店での客と店員の会話である。最初のやりとりから，女性が興味を持ったドレスについて店員がit's on sale today and tomorrow「それは今日と明日セール中です」と言っているので，正解は**1**。2回目のやりとりに出てくるhalf the price「半額」からもセール中であることがわかる。**3**のbe sold outは「売り切れである」という意味。

　true 形 本当の　　afraid 形 （…ではないかと）心配して　　dangerous 形 危険な

No. 7 解答 2

☆：Hello. Johnson Library. May I help you?
★：Yes. I think I left my hat in the lounge yesterday.
☆：OK. Let me check if anyone has found it. What does it look like?
★：It's a dark brown hat made of wool.
Question: What does the man want to do?

□ lounge　ラウンジ

Let me check if 〜.は「〜かどうか調べさせてください」の意味。

☆：もしもし。ジョンソン図書館です。ご用を承ります。
★：ええ。昨日，ラウンジに帽子を置き忘れたと思うのです。
☆：わかりました。どなたかが見つけたかどうか確認してみます。どのような帽子ですか。
★：ウール製の濃い茶色の帽子です。
質問：男性は何をしたがっていますか。
　1 帽子の色を知る。
　2 自分の帽子を見つける。
　3 図書館への行き方を知る。
　4 その帽子が何でできているか知る。

解説 図書館への電話である。電話の用件を聞き取る。最初のやりとりで男性はI left my hat in the lounge「ラウンジに帽子を置き忘れた」と言っていることから，用件は忘れた帽子を見つけることだとわかる。よって，正解は**2**。2回目のやりとりで帽子の特徴について話していることからも，男性は帽子を探していることが推測できる。

No. 8 解答 2

☆：Hello, sir. Welcome to Marian Shopping Mall.
★：Hi, I'd like to buy a necklace for my wife. Can you tell me where I can get a good one?
☆：Sure. I think Albert's Jewelry Shop is the first place to go. Here's a free map of the mall.
★：Thanks. I'll try the shop first.
Question: What does the man want to know?

☆：こんにちは，お客さま。マリアンショッピングモールへようこそ。
★：こんにちは，妻にネックレスを買いたいのです。いいものが買えるところを教えてもらえませんか。
☆：承知しました。アルバート宝石店がまず行くべきところかと思います。モールの無料地図をどうぞ。
★：ありがとう。まずその店に行ってみます。
質問：男性は何を知りたがっていますか。
　1 妻のためにいくら使うべきか。
　2 どこで妻へのプレゼントを買えるか。
　3 いつ妻にプレゼントを渡すべきか。
　4 妻と何を食べるべきか。

解説 ショッピングモールのインフォメーションでのスタッフと客の会話である。最初のやりとりで男性がネックレスを買おうとしていてCan you tell me where I can get a good one?と尋ね，いい店の場所を知りたがっていることがわかる。よって，正解は**2**。2回目のやりとりで具体的な店名とI'll try the shop first.「まずその店に行ってみます」と話されていることもヒントになる。

9 日目

リスニング 2

NOTES

How would you like to pay?は店などで支払方法を尋ねる言い方。

No. 9　解答　3

☆: Here is your bill, sir. How would you like to pay?

★: By credit card. Wait a minute, I didn't order the steak dinner. I only had a ham sandwich.

☆: I'm very sorry, sir. I'll bring you the correct bill now.

★: Thank you.

Question: What is the man's problem?

> ☆: お客さま，お会計でございます。お支払いはどういたしますか。
>
> ★: クレジットカードで。ちょっと待って，ステーキディナーは注文していませんよ。私がいただいたのはハムサンドイッチだけです。
>
> ☆: 大変申し訳ございません。すぐに正しい会計伝票を持ってまいります。
>
> ★: ありがとう。
>
> 質問：男性の問題は何ですか。
>
> **1** 間違った料理が出された。
>
> **2** ステーキの値段が高すぎる。
>
> **3** ウエートレスが間違った会計伝票を持ってきた。
>
> **4** クレジットカードを忘れた。

解説 レストランでのウエートレスと客の会話。会計伝票を渡される場面である。最初のやりとりで客はI didn't order the steak dinner.「ステーキディナーは注文しなかった」と言い，2回目のやりとりでウエートレスはI'll bring you the correct bill「正しい会計伝票を持ってくる」と言っているので，正解は**3**。

□ shelf　棚

□ put away ～
　　～を片づける

No. 10　解答　4

☆: Dad, have you seen my flute? I need it for my lesson and I have to leave soon.

★: It should be on the shelf in the living room.

☆: I know, but it's not there. Can you help me look for it?

★: OK. Let me put away these clothes first, then I'll help you.

Question: What will the girl's father do first?

> ☆: お父さん，私のフルートを見かけた？　レッスンに必要で，私，すぐ出かけなければならないのよ。
>
> ★: リビングの棚の上にあるはずだよ。
>
> ☆: そうだけど，そこにないの。探すのを手伝ってくれないかしら。
>
> ★: わかった。まずこれらの服を片づけて，それから手伝うよ。
>
> 質問：女の子の父親は最初に何をしますか。
>
> **1** リビングの掃除を始める。
>
> **2** 彼女と一緒にフルートを吹く。
>
> **3** 彼女をレッスンに連れて行く。
>
> **4** 服の片づけを終える。

解説 娘と父親の会話である。最初のやりとりから娘がフルートを探していることをつかむ。2回目のやりとりで娘は父親に探すのを手伝ってくれとお願いしているが，父親はLet me put away these clothes first「まずこれらの服を片づけさせて」と言っているので，正解は**4**。

　available形 入手できる　　successful形 成功した　　•perfect形 完全な

10日目

文の内容一致選択問題を攻略！①

今日の目標　リスニング第3部は短い英文の聞き取りである。第2部までの会話に比べ、英文の内容を正確に聞き取る力が必要とされる。今日はまず、第3部の出題形式と出題される3種類のトピックについて見ていこう。

〈リスニング第3部の出題形式〉

　短い英文とそれに関する質問を聞き、問題冊子に印刷された4つの選択肢から最も適切なものを選ぶ形式。第2部と同様、問題は全部で10題で、英文は一度しか放送されない。解答時間は各問10秒。

〈基本的な攻略法〉

　第3部の英文には3種類のトピックがあるので、まず冒頭の文からその英文がどの種類のものなのかを理解しよう。後で見るように、トピックごとに聞き取るべきポイントがあるので、それをとらえることに集中する。聞くときには、全部を理解しようとするのではなく、話の流れや要点をつかむように心がけよう。

ポイント1　放送文冒頭から英文のトピックをつかむ

　第3部の英文のトピックは、大まかに以下の3つの種類に分けられる。

① **ある人物に関する話題**（ある人物の経験・趣味・経歴など）
② **アナウンス**（空港・学校・デパートやイベントなどでのアナウンス）
③ **社会・文化・科学的トピック**（事物の歴史、文化的習慣や行事、動植物の生態などの説明）

　英文のトピックは、放送文冒頭から判別できる。これがわかると聞き取るべきポイントが絞れる。各トピックの聞き取りのポイントを、それぞれ例題を見ながら確認していこう。

ポイント2　「ある人物に関する話題」は5W1Hをおさえる

　第3部10問の中で一番多くを占めるのは「ある人物に関する話題」である。Yumiko is 〜「ユミコは〜」、Last week Martha had 〜「先週マーサは〜」など、冒頭に特定の人物の名前が登場するのが特徴である。第1文でその人物の何についての話なのかをつかみ、その後は5W1H（いつ／どこで／誰が／何を／なぜ／どうやって）をとらえることを目標に聞いていくのがコツである。

【放送される英文】 🔊))) 023

Mrs. Jones loves Mexican food. Almost every weekend she goes out to a Mexican restaurant with her husband. One day, while walking on the street, she found a notice about a Mexican cooking class. Now she is taking the class and enjoys cooking Mexican food herself.

Question: What do Mr. and Mrs. Jones do almost every weekend?

【問題冊子に印刷された英文】

1 Take a cooking class.

2 Have dinner at home.

3 Go to Mexico.

4 Go to a Mexican restaurant.

解 説　まず，Mrs. Jonesと個人名で始まっていることから，この英文はある人物についての話だと判断できる。また，Mrs. Jones loves Mexican food.とあることから，話題は彼女が大好きな「メキシコ料理」とつかめる。この英文では「いつ，何をする［した］か」に注意しよう。次の文でAlmost every weekend「ほとんど毎週末に」夫とメキシコ料理店に行くとあり，さらにOne day「ある日」メキシコ料理の講座の掲示を見つけて，それをNow「今」受講していると話が展開する。質問はalmost every weekendにジョーンズ夫妻がすることについてなので，正解は**4**。

解答：**4**

訳　ジョーンズさんはメキシコ料理が大好きだ。ほとんど毎週末，彼女は夫とメキシコ料理店に出かける。ある日，通りを歩いていると，彼女はメキシコ料理の講座の貼り紙を見つけた。今，彼女はその講座を受講し，自分でメキシコ料理を作って楽しんでいる。

　質問：ジョーンズ夫妻はほとんど毎週末，何をしますか。

　　1 料理の講座を受ける。

　　2 家で夕食を食べる。

　　3 メキシコに行く。

　　4 メキシコ料理店に行く。

第3部10問のうち2問ほどは「アナウンス」である。校内放送，店内放送，空港・駅での案内，遊園地・球場でのお知らせなどが出題される。冒頭に出てくるLadies and gentlemen「（ご来場の）皆さま」，Welcome to ～「～へようこそ」，Attention「お知らせいたします」，Thank you for shopping at ～.「～でお買い物いただきありがとうございます」などから，英文がアナウンスであると判断する。アナウンスには必ず用件があるので，それをつかむことを目標に聞いていくのがコツである。

例題

【放送される英文】 🔊)) 024

Hi, everyone. Welcome to Thompson Aquarium. I'm Jake, and I'll guide you around today. First, we'll watch the diver feed the fish in our main tank. Then, we'll see the different fish from around the world. Finally, we'll visit the petting pool. There, you'll get to touch little sea animals and see how they feel. So let's go!

Question: What will the visitors to the aquarium do last?

【問題冊子に印刷された英文】

1 Touch some sea animals.
2 Meet the diver.
3 See fish from around the world.
4 Feed fish in the main tank.

解説 冒頭でHi, everyone.と不特定多数の人に呼びかけ，Welcome to Thompson Aquarium.「トンプソン水族館へようこそ」とあることから，水族館でのアナウンスだと判断する。次にこの話者は自己紹介して，I'll guide you around today.と自分がガイドであると話す。ガイドが参加者に伝える用件は何か考えながら聞いていくと，First「最初に」で始まり，これからの行程を説明するようなので，順番を表す語句を軸に聞いていこう。First「最初に」ダイバーのえさやりを見て，Then「それから」世界中のさまざまな魚を見て，Finally「最後に」触れ合いコーナーの水槽に行く。質問は最後にすることを尋ねているので，正解は**1**。

解答：1

訳 こんにちは，皆さん。トンプソン水族館へようこそ。私はジェイクと申しまして，本日皆さんをご案内いたします。最初に，メイン水槽でダイバーが魚にえさをやるのを見学します。その後，世界中のさまざまな魚を見ます。最後に，触れ合いコーナーの水槽を訪れます。そこでは，小さな海洋生物に触れてそれらがどんな感触なのか知ることができます。それでは，行きましょう！
質問：水族館の入館者は最後に何をしますか。
1 海洋生物に触れる。
2 ダイバーに会う。
3 世界中の魚を見る。
4 メイン水槽で魚にえさをやる。

without前 ～なしで　　through前 ～を通って　　exchange動 ～を交換する

ポイント4 ▶ 「社会・文化・科学的トピック」は中心的内容をおさえる

　第3部10問のうち2問ほどは「社会・文化・科学的トピック」である。外国の行事や風習，歴史上の人物，環境問題，動物の生態などについての英文が出題される。ほかの2つのトピックに比べ，聞き慣れない単語が出てきたり聞き取るべき内容が複数あったりして，内容が複雑な場合が多い。したがって，全部を理解しようとせず，中心的内容をおさえることを目標に聞くのがコツである。このトピックの質問の多くは「One thing問題（→p.147）」である。

例題

【放送される英文】 🔊 025

The ostrich is the tallest bird living today, and it lays the largest eggs. It cannot fly, but it can run on land faster than any other bird because of its long legs. When the ostrich is in danger, it uses these long legs to kick powerfully.

Question: What is one thing we learn about the ostrich?

【問題冊子に印刷された英文】

　　1 It is the fastest running bird.
　　2 It eats only the largest eggs.
　　3 It has very long wings.
　　4 It can fly very high.

解説　冒頭のThe ostrichとはダチョウであるが，この語を知らなくても次にthe tallest birdと出てくるので，これは鳥の一種だということがわかれば十分。この英文はダチョウについての説明で，lays the largest eggs「一番大きな卵を産む」，cannot fly「飛べない」，can run on land faster than any other bird「どの鳥よりも速く陸上を走る」などいろいろな特徴が説明される。質問は「One thing問題」で，「ダチョウについてわかることの1つは何か」である。上に挙げた3つ目の情報から正解は**1**。後に2回出てくるlong legsやkick powerfully「力強く蹴る」からも，脚が強いことがわかる。

解答：**1**

訳　ダチョウは今日生息している最も背の高い鳥であり，最も大きな卵を産む。飛ぶことはできないが，脚が長いのでほかのどの鳥よりも速く陸上を走ることができる。ダチョウは，危険が迫ると，力強く蹴るためにこの長い脚を使う。
　質問：ダチョウについてわかることの1つは何ですか。
　　1 もっとも速く走る鳥である。
　　2 もっとも大きな卵のみを食べる。
　　3 とても長い翼がある。
　　4 とても高く飛べる。

10
日目

リスニング 3

✂ 次のページからは練習問題。ここで学んだことを使って問題を解いてみよう！

英文を聞き，その質問に対して最も適切なものを1，2，3，4の中から一つ選びなさい。

□□ **No. 1**　**1** She is too excited to relax.
　　　　　　2 She cannot get a room with a view.
　　　　　　3 She does not feel well sometimes.
　　　　　　4 She spends more money on the ship.

□□ **No. 2**　**1** He will plan a surprise party.
　　　　　　2 He will do some online shopping.
　　　　　　3 He will visit a jewelry store.
　　　　　　4 He will buy his daughter a gift.

□□ **No. 3**　**1** Buy women's formal clothes on sale.
　　　　　　2 Get a Harper's Department Store card.
　　　　　　3 Meet an Italian designer of ladies' clothes.
　　　　　　4 Have a chance to win a trip to France.

□□ **No. 4**　**1** Looking at the pilot's work area.
　　　　　　2 Choosing her favorite plane.
　　　　　　3 Watching people fix engines.
　　　　　　4 Seeing the long runway.

□□ **No. 5**　**1** They were invented in the 1950s.
　　　　　　2 They were only popular in the United States.
　　　　　　3 They are usually made of wood.
　　　　　　4 They have been used for a long time.

□□ **No. 6** **1** Pizza will be eaten in each classroom.

2 Pizza lunches are cheaper than the regular lunch.

3 Students can make their own pizza.

4 Students do not have to eat pizza.

□□ **No. 7** **1** He began practicing at a local soccer school.

2 He watched his brother play soccer.

3 He bought some new soccer shoes.

4 He played soccer with his dad.

□□ **No. 8** **1** She will take a train.

2 She will ride the bus.

3 Her friend will drive her.

4 Her friend will lend her a car.

□□ **No. 9** **1** It became popular 100 years ago.

2 It is famous for shoes.

3 It is a place in Wales.

4 It has a very short history.

□□ **No. 10** **1** The teacher is a musician.

2 It runs for a long time.

3 It is being offered for free.

4 The college is very famous.

□ deck 甲板

🔊))) 026～035

No. 1 解答 **3**

Cindy likes traveling by ship better than by plane. Traveling by ship, of course, takes much more time, but the ocean view from the deck is excellent. She also has more time to relax on a ship. The only problem for her is that she sometimes gets seasick.

Question: What is the problem Cindy sometimes has when she travels by sea?

> シンディーは飛行機よりも船の旅が好きだ。もちろん，船旅の方がずっと時間がかかるが，甲板からの海の景色はすばらしい。それに，船の上の方がリラックスする時間が多い。彼女にとって1つだけ問題なのは，ときどき船酔いすることである。
> 質問：船旅のときシンディーにときどき起こる問題は何ですか。
> **1** 興奮しすぎてリラックスできない。
> **2** 景色のよい部屋を取れない。
> **3** ときどき気分が悪くなる。
> **4** 船旅ではよりお金を使ってしまう。

解説 Cindy likes .... と個人名から始まるので「ある人物に関する話題」である。シンディーの船旅についての話。そのよい点が述べられた後，最後に問題点としてThe only problem for her is that she sometimes gets seasick.「彼女にとって1つだけ問題なのは，ときどき船酔いすることである」と述べられているので，正解は**3**。get seasickは「船酔いする」という意味である。

□ jewelry 宝石

No. 2 解答 **3**

Kevin wants to buy a birthday present for his wife. He will buy her some jewelry. He will go shopping with his daughter tomorrow to find something nice. He wants to see the jewelry and not buy it online. He hopes his wife will be surprised by the nice gift.

Question: What will Kevin do tomorrow?

> ケビンは妻のために誕生日のプレゼントを買いたいと思っている。彼は彼女に宝石を買ってあげる予定である。明日，何かいいものを見つけるために娘と買い物に行く。彼は宝石を（実際に）見たいと思っていて，オンラインでは買いたくないと思っている。彼は妻が素敵なプレゼントに驚くことを願っている。
> 質問：ケビンは明日，何をする予定ですか。
> **1** サプライズパーティーを開く。
> **2** オンラインで買い物をする。
> **3** 宝石店を訪れる。
> **4** 娘に贈り物を買ってあげる。

解説 ケビンが妻のために誕生日プレゼントを買う話。宝石を買ってあげたいと思っていて，He will go shopping with his daughter tomorrow「明日，娘と買い物に行く」と述べられているので，正解は**3**。He wants to see the jewelry and not buy it online.「彼は宝石を（実際に）見たいと思っていて，オンラインでは買いたくない」と述べられているので，**2**は不適。

No. 3 解答 1

Welcome, shoppers. Let me tell you about our great special at Harper's Department Store. Ladies' formal clothing is now 15% off the regular price, and 20% if you have a Harper's Card. This includes top brands from Italy and France. All ladies' items are on the seventh floor. This sale is for today only!

Question: What can shoppers do on the seventh floor?

□ include　〜を含む

> お買い物中の皆さま，いらっしゃいませ。ハーパーズデパートのお買い得商品のご案内です。レディースフォーマル衣料がただ今，通常価格の15％割引で，ハーパーズカードをお持ちの場合には20％割引になります。これにはイタリアやフランスのトップブランドも含まれます。全レディース商品は7階にございます。この特売は本日限りです！
>
> 質問：買い物客は7階で何ができますか。
> 　**1** 女性のフォーマル衣料を特価で買う。
> 　**2** ハーパーズデパートのカードを手に入れる。
> 　**3** イタリアの女性服デザイナーに会う。
> 　**4** フランス旅行獲得のチャンスがある。

解説 冒頭のWelcome, shoppers.とそのあとに出てくるHarper's Department Storeから，デパートでのアナウンスであるとわかる。アナウンスの用件はレディースフォーマル衣料の特売のお知らせで，最後にAll ladies' items are on the seventh floor.「全レディース商品は7階にございます」と述べられている。よって，正解は**1**。

No. 4 解答 1

Mayumi's class took a field trip to the local airport today. She saw people work on airplane engines, and she even rode in a little truck on the runway. Mayumi's favorite part of the visit was going inside an airplane and seeing where the pilot sits. Mayumi now dreams of becoming a pilot and flying a plane herself.

Question: What did Mayumi like best about the field trip?

□ field trip　校外見学

□ runway　滑走路

□ dream of *doing*
　〜することを夢みる

10
日目

リスニング3

> マユミのクラスは今日，地元の飛行場へ校外見学に行った。彼女は，人々が飛行機のエンジンを整備するのを見たり，小さなトラックに乗って滑走路を走ったりもした。その見学でマユミが一番気に入ったことは，飛行機内に入り，パイロットが座る場所を見たことだった。今，マユミはパイロットになって自分で飛行機を操縦することを夢みている。
>
> 質問：マユミはその校外見学で何が一番気に入りましたか。
> 　**1** パイロットの仕事の場所を見たこと。
> 　**2** 自分が好きな飛行機を選んだこと。
> 　**3** 人々がエンジンを修理するのを見学したこと。
> 　**4** 長い滑走路を見たこと。

解説 マユミの飛行場見学の話。中盤のMayumi's favorite part of the visit was ...「その見学でマユミが一番気に入ったことは」以下の部分を聞き取り，**1**を選ぶ。where the pilot sits「パイロットが座る場所」とは操縦席のことだが，選択肢ではthe pilot's work area「パイロットの仕事の場所」と言い換えられている。

□ spin ～を回転させる

□ eventually 最終的に

No. 5 解答 4

Hula hoops are usually large plastic rings that people spin around their waists. They became popular as a toy in the United States in the 1950s, and eventually became popular all over the world. However, they have actually been used for thousands of years. The first ones were made of wood and grass.

Question: What is one thing we learn about hula hoops?

> フラフープはふつう人々が腰の周りで回転させる大きなプラスチックの輪である。それは1950年代にアメリカ合衆国でおもちゃとして人気となり，最終的に世界中で人気となった。しかし，実際にはそれは何千年もの間使われてきたのである。最初のものは木と草でできていた。
> 質問：フラフープについてわかることの1つは何ですか。
> 　　**1** 1950年代に考案された。
> 　　**2** アメリカ合衆国のみで人気だった。
> 　　**3** ふつう木で作られている。
> 　　**4** 長い間使われてきた。

解説 Hula hoops .... で始まるので，これは「社会・文化・科学的トピック」であると判断する。フラフープの説明である。いくつかの情報が説明されており，質問はその中の1つを答える問題である。後半のthey have actually been used for thousands of years「実際にそれは何千年もの間使われてきた」より，正解は**4**。

No. 6 解答 4

Attention, students. As you know, tomorrow is our first Pizza Day of the school year! Two kinds of pizza will be offered in the cafeteria at lunchtime. However, our regular lunch will also be available if students do not want to eat pizza. Pizza lunches will cost the same as the regular lunch. We hope you like Pizza Day!

Question: What is one thing the announcement says about Pizza Day?

□ school year (学校の)年度

□ regular 通常の

□ available 入手できる

> 生徒の皆さんに連絡します。ご存じの通り，明日は今年度初めてのピザデーです！お昼に，食堂で2種類のピザが提供されます。でも，ピザを食べたくない場合には，通常のランチも食べられます。ピザランチは通常のランチの価格と同じです。ピザデーをお楽しみください！
> 質問：アナウンスでピザデーについて言っていることの1つは何ですか。
> 　　**1** ピザは各自の教室で食べられる。
> 　　**2** ピザランチは通常のランチより安い。
> 　　**3** 生徒は自分のピザを作ることができる。
> 　　**4** 生徒はピザを食べなくてもよい。

解説 冒頭のAttention, students. から，生徒へのお知らせの放送であることがわかる。食堂でピザを提供する「ピザデー」についてである。中ほどのHowever以下の部分でour regular lunch will also be available if students do not want to eat pizza「ピザを食べたくない場合には，通常のランチも食べられる」と述べられているので，正解は**4**。

No. 7 解答 1

Shinichi wants to learn how to play soccer. At first, he asked his brother to teach him, but he was busy with his club at school. Then, his father found a local soccer school, and Shinichi decided to join. Last week, he had his first lesson at the school. This weekend, he will go to buy some soccer shoes.

Question: What did Shinichi do last week?

シンイチはサッカーのやり方を習いたいと思っている。最初，兄［弟］に教えてくれるように頼んだが，兄［弟］は学校のクラブで忙しかった。その後，父が地元のサッカースクールを見つけて，シンイチは参加することにした。先週，彼はそのスクールで最初のレッスンを受けた。今週末はサッカーシューズを買いに行く予定である。

質問：先週シンイチは何をしましたか。
　1 地元のサッカースクールで練習を始めた。
　2 兄［弟］がサッカーをするのを見た。
　3 新しいサッカーシューズを買った。
　4 父とサッカーをした。

解説 シンイチがサッカーを習い始めた話。時を表す表現に注意しながら聞いていこう。Last week「先週」は地元のサッカースクールでの初めてのレッスン，This weekend「今週末」はサッカーシューズを買いに行く，である。質問は先週についてなので，正解は **1**。

No. 8 解答 1

Lisa needs to travel to Stocktown for a job interview. She was going to drive, but her car broke down. Her friend suggested that she should take the bus. The bus was cheap, but it would take a long time. She bought a train ticket instead. The train is more comfortable, so she will feel relaxed for the interview.

Question: How will Lisa get to Stocktown?

□ job interview
　仕事の面接

□ break down　故障する

リサは仕事の面接でストックタウンまで行く必要がある。彼女は車で行くつもりだったが，車は故障していた。友達がバスで行くことを提案してくれた。バスは安かったが，時間がかかりそうだった。彼女はその代わりに電車の切符を買った。電車の方が快適なので，彼女は面接に向けてゆっくりできるだろう。

質問：リサはどのようにしてストックタウンまで行く予定ですか。
　1 電車に乗る。
　2 バスに乗る。
　3 友達が車で送ってくれる。
　4 友達が車を貸してくれる。

解説 リサの仕事の面接場所までの行き方の話。車は故障，バスは時間がかかることをつかむ。後半に出てくる She bought a train ticket instead.「その代わりに電車の切符を買った」より，正解は **1**。その直後に出てくる The train is more comfortable「電車の方が快適」も解答の手がかりになる。

10
日目

リスニング3

□ high-quality　高品質の

□ be known as 〜
　　〜として知られている

No. 9　解答　2

Northamptonshire is a famous place in England. It has many interesting historical places, including the house where Diana, Princess of Wales used to live. It is also very famous for the high-quality shoes that have been made there for over 100 years. In fact, it is known as the "shoemaking capital of the world."

Question: What is one thing we learn about Northamptonshire?

> ノーサンプトンシャーはイングランドの有名な地域である。そこには，ウェールズ公妃ダイアナが住んでいた家を含め，興味深い歴史的な場所が多くある。また，そこは100年以上そこで作られてきた高品質の靴でも有名である。実際，そこは「世界の靴づくりの首都」として知られている。
> 質問：ノーサンプトンシャーについてわかることの1つは何ですか。
> 　**1** 100年前に有名になった。
> 　**2** 靴で有名である。
> 　**3** ウェールズにある場所である。
> 　**4** とても短い歴史がある。

解説 ノーサンプトンシャーという名のイングランドの地域の説明である。歴史的な場所が多いことと靴作りで有名であることが説明されている。質問は，これらの情報から1つを答えるタイプである。2つ目の靴作りの説明から，正解は**2**。

No. 10　解答　3

Kimiko recently started taking a Spanish course at her local college. She has wanted to study Spanish for a long time, but the courses were always too expensive. She chose this course because it is free. She is enjoying learning Spanish, and learning about the culture. Her teacher sometimes plays Spanish music after the class has finished.

Question: Why did Kimiko choose a course at her local college?

> キミコは最近地元の大学でスペイン語のコースを取り始めた。彼女は長い間スペイン語を勉強したいと思ってきたが，スペイン語のコースはいつも受講料が高すぎた。彼女がこのコースを選んだのはそれが無料だからである。彼女はスペイン語を学ぶのを楽しんでおり，その文化についても学んでいる。彼女の先生はときどき授業が終わった後にスペインの音楽をかけてくれる。
> 質問：キミコはなぜ地元の大学でコースを取ったのですか。
> 　**1** 先生が音楽家だから。
> 　**2** 長い間やっているから。
> 　**3** 無料で提供されているから。
> 　**4** その大学が有名だから。

解説 キミコがスペイン語を習い始めたという話。中盤でShe chose this course because it is free.「無料なのでこのコースを選んだ」と述べられているので，正解は**3**。その前にある「スペイン語のコースはいつも受講料が高すぎた」からも，受講料が問題であったことがわかる。

　announce**動** 〜を発表する　　produce**動** （〜を）生産する　　share**動** （〜を）共有する

応用編

11日目
▼
21日目

前半10日間で基礎固めができた
ら，後半は実戦的な実力を養成す
るさらにステップアップした問題
に取り組みます。
最終日は本番と同じ分量・形式の
模擬テストになっていますので，
時間を計って挑戦しましょう。

短文の語句空所補充問題を攻略！③（単語）

今日の目標

いよいよ今日から応用編である。再び筆記1の単語から始める。今日はよく出題される単語の中から，比較的難易度の高い語を取り上げる。ポイント1にある語彙の増やし方のコツを理解し，ポイント2のリストの語を覚えることから取り組んでいこう。

ポイント1　関連する語を一緒に覚える

　単語を学習するときには，その語だけでなく，ほかの単語と関連づけて覚えていくと結果として語彙の幅が広がり，しかも理解が深まる。例えば，complete「～を完成させる」≒ finish「～を終える」（同意語），include「～を含む」⇔ exclude「～を排除する」（反意語），complain「不平を言う」→ 图complaint「不平」などのように，関連する語をセットで覚えていくのである。また，fit「（大きさ・型が）～に合う」と match「（色・柄が）～に合う」のように意味が似ているが区別が必要な語，treat「～を取り扱う／～を治療する／～におごる」のような多義語にも注意しよう。

ポイント2　単語をもう一歩深くおさえていこう

　次のリストにある語の意味だけでなく，それに関連する内容もあわせて覚えるようにしよう。

動　詞		
☐ accept	～を受け入れる	⇔refuse「～を拒否する」
☐ accomplish	～を成し遂げる	图accomplishment「達成，遂行」
☐ advise	忠告する	★発音注意 [ədváɪz]　图 advice [ədváɪs]「忠告」
☐ allow	～に許可する	allow＋人＋to do「（人）が～するのを許す」
☐ amuse	（人）を楽しませる	图amusement「娯楽」
☐ avoid	～を避ける	avoid doing「～するのを避ける」
☐ complain	不平を言う	图complaint「不平，苦情」
☐ complete	～を完成させる	≒finish「～を終える，完了する」
☐ decrease	減少する	⇔increase「増加する」
☐ fit	（大きさが）～に合う	match「（色・柄が）～に合う，調和する」
☐ include	～を含む	⇔exclude「～を排除する」
☐ pretend	～のふりをする	pretend to do「～するふりをする」
☐ recover	回復する	图recovery「回復」
☐ rent	～を賃借り［貸し］する	borrow「～を借りる」, lend「～を貸す」
☐ translate	～を翻訳する	图translation「翻訳」

| □ treat | ～を取り扱う | ★ほかに「～を治療する」「～をおごる」などの意味もある |
| □ wonder | ～かなと思う | ★〈wonder + wh-〉の形で疑問詞が続くことが多い |

名詞

□ achievement	達成, 業績	動 achieve「～を達成する」
□ appointment	(会う)約束, 予約	promise「(何かをする)約束」
□ assistant	助手	動 assist「～を援助する」
□ courage	勇気	動 encourage「～を励ます」
□ decision	決定, 決意	動 decide「～を決める」
□ impression	印象	形 impressive「印象的な」 動 impress「～に印象を与える」
□ injury	けが	★動詞は injure だが get injured で「けがをする」
□ nature	自然	形 natural「自然の, 当然の」
□ opportunity	機会	≒ chance
□ shade	日陰	shadow「影, 物陰」※「日陰」の意味で使われることもある
□ shortage	不足	be short of ～「～が不足している」
□ silence	静寂	形 silent「静かな」
□ success	成功	形 successful「成功した」
□ tradition	伝統	形 traditional「伝統的な」
□ weight	重さ	動 weigh「重さが～である, ～の重さを量る」

形容詞・副詞

□ absent	欠席して	⇔present「出席して」
□ additional	付加的な	動 add「～を加える」
□ correctly	正しく	★correct は形容詞のほかに動詞として「～を訂正する」
□ luckily	幸運にも	≒ fortunately 形 lucky「幸運な」
□ nearly	ほとんど	≒ almost
□ tight	きつい	⇔loose「ゆるい」

次のページからは練習問題。ここで学んだことを使って問題を解いてみよう！

次の(1)から(14)までの（　　　　）に入れるのに最も適切なものを1，2，3，4の中から一つ選びなさい。

☐☐ **(1)** Paula has always wanted to work in (　　　　), so she was very happy when she got a job in a safari park.

1 secret **2** balance **3** nature **4** technology

☐☐ **(2)** Jack was very happy because his parents (　　　　) him to go out for a date.

1 designed **2** respected **3** allowed **4** punished

☐☐ **(3)** *A:* The steak was too salty and the soup was not hot enough. I'll never come here again!

B: You should call the manager and (　　　　) to him.

1 translate **2** introduce **3** propose **4** complain

☐☐ **(4)** *A:* How much is the guided tour of Hawaii?

B: It is 700 dollars. The price (　　　　) a plane ticket, a hotel room, and all meals for a week.

1 relates **2** trusts **3** develops **4** includes

☐☐ **(5)** *A:* Will you move to Chicago with your family, Ellen?

B: Well, it's a really difficult (　　　　). I don't want to leave my friends here.

1 emotion **2** celebration **3** decision **4** production

☐☐ **(6)** George does not like (　　　　). He prefers to be in more lively places with a lot of people talking around him.

1 argument **2** reason **3** conclusion **4** silence

☐☐ **(7)** *A:* Hi, Chris. Have you talked to Cathy recently?

B: No, I haven't. I got the (　　　　) that she doesn't like me very much.

1 impression **2** generation **3** importance **4** reference

(1) 解答 **3**

ポーラはずっと<u>自然</u>の中で働きたいと思ってきたので，サファリパークで仕事を得てすごくうれしかった。

解説 サファリパークで働くことは自然の中で働くことだと考えて，nature「自然」を選ぶ。secret「秘密」，balance「バランス」，technology「科学技術」。

□ safari park
　サファリパーク

(2) 解答 **3**

ジャックは，彼がデートで外出することを両親が<u>許して</u>くれたので，とてもうれしかった。

解説 空所後のhim to go outに注目。〈allow + 人 + to *do*〉で「（人）が～することを許す」の意味。design「～を設計する」，respect「～を尊敬する」，punish「～を罰する」。

(3) 解答 **4**

A: ステーキは塩辛すぎたし，スープは十分に温まっていなかった。ここにはもう二度と来ないわ！

B: 店長を呼んで<u>苦情を言った</u>方がいいよ。

解説 A「食事がひどかった」→B「店長に～」というやりとりから，正解はcomplain「苦情を言う」。translate「～を翻訳する」，introduce「～を紹介する」，propose「～を提案する，プロポーズする」。

□ salty
　塩辛い（←salt「塩」）

(4) 解答 **4**

A: ガイド付きのハワイ旅行はいくらですか。

B: 700ドルです。その価格は，航空券，ホテルの部屋，1週間のすべての食事を<u>含んでいます</u>。

解説 「その価格は，航空券，ホテルの部屋，1週間すべての食事を～」という文脈なので，include「～を含む」を選ぶ。relate「～を関連づける」，trust「～を信頼する」，develop「～を発達させる」。

□ guided tour
　ガイド付きのツアー

(5) 解答 **3**

A: エレン，君は家族とシカゴに引っ越すの？

B: ええと，それはすごく難しい<u>決断</u>だわ。ここにいる友達と別れたくないもの。

解説 エレンは友達と離れたくないのでシカゴへの引っ越しをa really difficult decision「すごく難しい決断」だと考えている。decision「決定，決断」は動詞decide「（～を）決定する」の名詞。emotion「感情」，celebration「お祝い」，production「生産」。

□ move to ～
　～へ引っ越す

(6) 解答 **4**

ジョージは<u>静寂</u>が好きではない。彼は周りで多くの人が話しているようなもっとにぎやかな場所にいる方が好きだ。

解説 後半ににぎやかな場所の方が好きだとあることから，ジョージが好きではないのはsilence「静寂，沈黙」だと考える。形容詞はsilent「静かな」。argument「討論」，reason「理由」，conclusion「結論」。

□ prefer 　～をより好む
□ lively
　元気な，にぎやかな
□ with O *doing*
　Oが～していて

(7) 解答 **1**

A: こんにちは，クリス。最近，キャシーと話をしましたか。

B: いいえ，していません。私は，彼女は私のことをあまり好きではないという<u>印象</u>を受けました。

解説 「彼女は私のことをあまり好きではないという～を受けた」という文脈なので，impression「印象」を選ぶ。動詞impress「～に印象を与える」の名詞である。generation「世代」，importance「重要性」，reference「言及，参照」。

□ not ～ very much
　あまり～でない

community图 コミュニティー　　guest图 （家・ホテルなどの）客　　performance图 演技

□□ **(8)** I have to (　　　　) this book report by Monday, so I'm going to work on it for the whole weekend.

1 support　　　　**2** cancel　　　　**3** complete　　　　**4** expect

□□ **(9)** *A:* This dress doesn't (　　　　) me. It's too small. Do you have another in the same color?

B: Certainly, ma'am. I'll bring it for you right away.

1 fit　　　　**2** prepare　　　　**3** wear　　　　**4** make

□□ **(10)** Akira (　　　　) a small apartment when he started to live alone in Tokyo, but it was very expensive.

1 rented　　　　**2** borrowed　　　　**3** accepted　　　　**4** offered

□□ **(11)** Mike decided to become Professor Brown's teaching (　　　　) next year because he can get some financial support from it.

1 author　　　　**2** assistant　　　　**3** customer　　　　**4** citizen

□□ **(12)** *A:* Oh, no. I have to leave now. I have a dental (　　　　) at 5 p.m.

B: Oh, you do? See you later then.

1 promise　　　　**2** agreement　　　　**3** appointment　　　　**4** experience

□□ **(13)** Mr. Spenser's report about finding a new species is well written. However, he needs (　　　　) research in order to support his ideas.

1 casual　　　　**2** curious　　　　**3** harmful　　　　**4** additional

□□ **(14)** *A:* Come on, Rachel! Are you still changing clothes? I can't understand why it takes so long.

B: Oh, I'm sorry, David. I've (　　　　) finished. I'll be downstairs in about five minutes.

1 seriously　　　　**2** nearly　　　　**3** lately　　　　**4** separately

tool图 道具　　century图 1世紀　　dessert图 デザート

(8) 解答 **3**

僕は月曜日までにこの読書感想文を完成させなければならないので，週末はずっとそれに取り組むつもりだ。

解説 so以下の「週末はずっとそれに取り組むつもりだ」から正解はcomplete「～を完成させる」。support「～を支援する，養う」，cancel「～を取りやめる」，expect「～を期待する」。

(9) 解答 **1**

A: このドレスは私に大きさが合いません。小さすぎます。同じ色で別のものはありますか。
B: はい，お客さま。ただちにお持ちいたします。

解説 fitは「（サイズ・型などが人）にぴったり合う」の意味。「（色や柄などが人）に合う，似合う」という意味ではbecomeやsuitを用いる。prepare「～を準備する」，wear「～を着る」，make「～を作る」。

(10) 解答 **1**

アキラは東京で独り暮らしを始めたとき小さなアパートを借りたが，それはとても高かった。

解説 「独り暮らしを始めた」ので「アパートを借りた」と考えて，正解は**1**。rentは「（お金を払って）～を借りる」。borrow「（無料で）～を借りる」，accept「～を受け入れる」，offer「～を提供する」。

(11) 解答 **2**

マイクは来年，ブラウン教授の指導助手になることにした。というのは，それでいくらかの経済的な援助を受けることができるからだ。

解説 teaching assistantは「指導助手」で，大学などで教授の指導の手伝いをする人のこと。author「著者」，customer「顧客，買い物客」，citizen「市民」。

(12) 解答 **3**

A: あっ，いけない。もう行かなくちゃ。午後5時に歯医者の予約があるんだ。
B: そうなの？ それじゃあまた後でね。

解説 病院の「予約」にはappointment「（時間・場所を決めて会う）約束」を用いる。promise「（何かをする）約束，誓い」，agreement「協定，合意」，experience「経験」。

(13) 解答 **4**

新種の発見に関するスペンサー氏のレポートはよく書けている。しかし，彼の考えを支持するためには追加の調査が必要である。

解説 「彼の考えを支持するためには～調査が必要だ」という文脈なので，additional「追加の，さらなる」が適切。casual「普段の」，curious「好奇心のある」，harmful「有害な」。

(14) 解答 **2**

A: 勘弁してよ，レイチェル！ まだ着替えているの？ どうしてそんなに時間がかかるのかわからないなあ。
B: ああ，ごめんなさい，デイビッド。もうほとんど終わったわ。あと5分ぐらいで下に降りて行くから。

解説 「5分ぐらいしたら降りて行く」と言っていることから，「（着替えは）ほとんど終わった」と考えられる。正解はnearly「ほとんど」。この語はalmostとほぼ同じ意味。seriously「真剣に」，lately「最近」，separately「別々に」。

□ work on ～
　　～に取り組む

□ whole　全体の，丸ごとの

□ right away
　　ただちに，すぐに

rentには「～を貸す」の意味もあって，rent *A* to *B* は「AをBに貸す」という意味になる。

□ financial　経済的な

□ dental　歯の，歯科の

□ species　種
□ in order to *do*
　　～するために

□ change clothes
　　着替える
□ downstairs　階下に

12日目

短文の語句空所補充問題を攻略！④（熟語）

| 今日の目標 | 今日は，やや難易度の高い熟語と口語表現を学習していこう。こうした表現は，短い例文を覚えることでおさえていくと効率よく覚えられる。口語表現では，それらが使われる状況も理解しよう。 |

▶ ポイント1　この熟語もおさえておこう

以下のリストでは熟語とともに短い例文を用意した。例文を読んで使い方も理解しよう。

動詞を中心とした熟語

□ be about to *do*	電車がまさに駅を出るところだ。 The train is about to leave the station.
□ be at a loss	私は何と言うべきかわからず途方に暮れている。 I am at a loss what to say.
□ be unlikely to *do*	今日は雨が降りそうにない。 It is unlikely to rain today.
□ have nothing to do with ～	僕はその事件と関係がない。 I have nothing to do with the case.
□ make up *one's* mind to *do*	コタロウはついに留学する決心をした。 Kotaro has finally made up his mind to study abroad.
□ prevent A from *doing*	雨が私が外出するのを妨げた（＝雨で外出できなかった）。 The rain prevented me from going out.
□ put [write] down ～	僕は彼女の住所を書き留めた。 I put [wrote] down her address.
□ would rather *do*	僕は外出するよりむしろ家にいたい。 I would rather stay home than go out.

その他

□ according to ～	天気予報によると，今日は雨が降る。 According to the weather report, it is going to rain today.
□ and so on	マックスは切手やコインなどを集めている。 Max is collecting stamps, coins, and so on.
□ as for ～	僕に関して言えば，君に賛成だ。 As for me, I agree with you.
□ aside from ～	スポーツをすることは別として，外でほかに何ができるの？ Aside from playing sports, what else can we do outside?

□ Frankly speaking	率直に言って，君に賛成できない。 Frankly speaking, I can't agree with you.
□ no doubt	おそらく彼は天才だ。 No doubt he is a genius.
□ on earth	君はこんなに遅い時間に一体何をしているんだ？ What on earth are you doing at this late hour?
□ such as ～	僕はウサギのような小動物が好きだ。 I like small animals such as rabbits.
□ to be honest (with you)	正直に言うと，僕はクモが怖い。 To be honest, I'm scared of spiders.

ポイント2　口語表現を見抜く

筆記1では会話で用いられる口語表現も出題されている。例題を見てみよう。

例題

A: Please ( ) yourself to some apple pie, Jody. You said you like apple pie, so I baked it for you.

B: Oh, thank you, Mrs. Parker. It really looks good.

1 help **2** make **3** reach **4** pay

解説 まず全体を読み，アップルパイを焼いたパーカーさんがジョディに食べるように勧める場面であることをつかもう。Help yourself (to ～). は「自由に取って食べてください」という意味の口語表現。食べ物などを人にセルフサービスで勧めるときに用いられる。

訳 *A:* アップルパイをご自由に召し上がってね，ジョディ。アップルパイが好きだと言っていたから，あなたのために焼いたのよ。
B: まあ，ありがとうございます，パーカーさん。本当においしそうですね。

解答：1

口語表現	
□ Go ahead!	さあどうぞ。
□ Help yourself to ～.	～をご自由に召し上がれ。
□ It's up to you.	君次第だ。
□ Make yourself at home.	おくつろぎください。
□ That's [It's] none of your business.	君には関係ないよ。
□ Take it easy.	気楽にね。無理しないでね。
□ Can [Will] you do me a favor?	お願いがあるのですが。

次のページからは練習問題。ここで学んだことを使って問題を解いてみよう！

million图 100万　instrument图 器具　mistake图 間違い

12 日目　　練習問題

次の(1)から(14)までの（　　　　　）に入れるのに最も適切なものを1，2，3，4の中から一つ選びなさい。

☐☐ **(1)** *A:* Hey, Jack. Why don't we play soccer together after school?
　　　　B: Well, to (　　　) honest, I'm not good at sports.
　　　　1 make　　　　**2** become　　　　**3** get　　　　**4** be

☐☐ **(2)** *A:* Hi, Lucy. Has something good happened to you? You look happy.
　　　　B: Oh, do I? I just feel something wonderful is (　　　) to happen.
　　　　1 about　　　　**2** close　　　　**3** next　　　　**4** over

☐☐ **(3)** Paul wasn't with Mary when her purse was stolen. Therefore, he had nothing to
　　　　(　　　) with it.
　　　　1 make　　　　**2** take　　　　**3** have　　　　**4** do

☐☐ **(4)** The heavy rain yesterday (　　　) us from going on a picnic in the park, so
　　　　we decided to stay home and watch videos.
　　　　1 avoided　　　　**2** prevented　　　　**3** predicted　　　　**4** protected

☐☐ **(5)** *A:* Guess what, Peter? Did you know that Kate broke up with Mathew?
　　　　B: No, I didn't. And that's none of my (　　　).
　　　　1 business　　　　**2** policy　　　　**3** measure　　　　**4** silence

☐☐ **(6)** It was a beautiful day, so Sophie thought about either going to the beach or to
　　　　the park. However, she could not (　　　) her mind, so she asked her
　　　　husband which one he wanted to do.
　　　　1 show off　　　　**2** make up　　　　**3** give out　　　　**4** hope for

☐☐ **(7)** Soon after the Winter Olympics was over, winter sports (　　　) skiing,
　　　　skating, and snowboarding became very popular among young people.
　　　　1 so far　　　　**2** such as　　　　**3** in return　　　　**4** by sea

(1) 解答 **4**

A: やあ，ジャック。放課後一緒にサッカーしない？

B: うーん，<u>正直言って</u>，僕はスポーツが得意じゃないんだ。

解説 Bが発言の後半で「スポーツが得意ではない」と打ち明けていることから，to be honest「正直に言えば」とすれば文意が通じる。

> Why don't we *do*?は「(一緒に)〜しない？」と人を誘うときの言い方。

(2) 解答 **1**

A: やあ，ルーシー。何かいいことがあったの？ うれしそうだね。

B: あら，そう？ 何か素敵なことが<u>今にも起こりそうな</u>気がするだけよ。

解説 be about to *do* で「(今にも) 〜しようとしている，〜しそうである」という意味。よいことはまだ起こっておらず，これから起こりそうだと言っている。

(3) 解答 **4**

ポールはメアリーが財布を盗まれたとき彼女と一緒にいなかった。したがって，彼はそのこと<u>とは全く関係がなかった</u>。

解説 ポールは事件現場にいなかったので，盗難とは無関係であると述べている。have nothing to do with 〜で「〜と全く関係がない」。have something to do with 〜だと「〜と何らかの関係がある」の意味となる。

(4) 解答 **2**

昨日の大雨は公園にピクニックに<u>私たちが行くのを妨げた</u>ので（＝昨日の大雨のために私たちは公園にピクニックに行けなかったので），家にいてビデオを見ることにした。

解説 prevent A from *doing* で「Aが〜するのを妨げる」。問題文のように，この熟語は人ではなく事柄や動作を主語にして原因を示すことが多い。

☐ go on a picnic ピクニックに行く

(5) 解答 **1**

A: ねえねえ，ピーター？ ケイトがマシューと別れたって知ってた？

B: いや，知らなかったよ。それにそれは<u>僕には関係ないこと</u>さ。

解説 That's none of my business. で「それは自分には関係ないことだ」という意味。なお，That's [It's] none of your business. とすれば「あなたには関係ないことだ」，つまり「余計なお世話だ」という意味になる。

> Guess what?「ねえねえ」は話を切り出すときの表現。

☐ break up with 〜 〜と別れる

(6) 解答 **2**

天気がよかったのでソフィーはビーチか公園に行こうと考えた。しかし，彼女は<u>決められなかった</u>ので夫にどちらにしたいか尋ねた。

解説 ソフィーは自分で決められなかったので夫に尋ねたと考える。make up *one's* mindで「決心する，決める」という意味。show off「見せびらかす」，give out 〜「〜を配る」，hope for 〜「〜を望む」。

☐ either A or B AかBか

(7) 解答 **2**

冬季オリンピックが終了するとすぐに，スキーやスケート，スノーボード<u>のような</u>ウィンタースポーツが若者の間でとても流行した。

解説 〈名詞＋such as 〜〉で「〜のような(名詞)」という意味。問題文はsuch asの代わりにlikeを使ってwinter sports like skiing ... と言い換えることもできる。

☐ be over 終わる

cleaner 图 クリーニング店　　match 图 試合　　fan 图 ファン

(8) *A:* Have you made all the food for the party, honey?

B: (　　　) the dessert, it's all finished. The dessert will also be ready on time.

1 Similar to　　**2** Hiding from　　**3** Aside from　　**4** Next to

(9) There is a wide range of activities available at the Grand Sands Hotel. Guests can go to the pool, the gym, the spa, and so (　　　).

1 on　　**2** off　　**3** by　　**4** out

(10) *A:* Wow, Tim. You lost so much weight in just one month. How on (　　　) did you do that?

B: It wasn't so hard. I just started to eat healthier food and get some exercise every morning.

1 place　　**2** world　　**3** earth　　**4** stage

(11) Some people believed that there was more crime in the city than before. However, (　　　) research by the police, crime had actually decreased.

1 according to　　**2** talking of　　**3** taking out　　**4** waiting for

(12) *A:* Do you think the Hawthorn Red Shoes will win the baseball match?

B: (　　　), I doubt it. They haven't won a game all year.

1 For example　　　　　　**2** In return

3 Frankly speaking　　　　**4** To begin with

(13) *A:* Harvey, do you want to go to a British rock concert with me this weekend? I love British rock.

B: Well, (　　　) me, I like J-pop better. Why don't you ask someone else?

1 except for　　**2** as for　　**3** instead of　　**4** rather than

(14) *A:* Let's go out and play softball, Leon.

B: No. It looks like rain. I would (　　　) stay home and play computer games.

1 further　　**2** more　　**3** quite　　**4** rather

grandparent图 祖父, 祖母　　**president**图 大統領　　**wallpaper**图 壁紙

(8)　解答　3

A: ねえ，パーティーの料理は全部できたかな？

B: デザート**は別にして**，全部できているわよ。デザートも時間通りに準備できるわ。

解説　「デザート～，全部できている」という文脈なので，Aside from ～「～は別にして」を選ぶ。(be) similar to ～「～と似ている」，next to ～「～の隣に」。

(9)　解答　1

グランドサンズホテルにはご利用いただける幅広いアクティビティーがございます。ゲストはプールやジム，温泉**など**に行くことができます。

解説　*A, B, C,* and so on で「AやBやCなど」という意味。and so forth という言い方もある。使い方とともに覚えよう。

(10)　解答　3

A: まあ，ティム。たった1か月ですごく痩せたわね。**いったい**それをどうやってやったの？

B: それほど難しいことじゃなかったよ。体によりよい食べ物を食べて毎朝運動を始めただけさ。

解説　〈疑問詞＋on earth〉でその疑問詞を強調して「いったい（何，どうやって，いつ，どこで…）」などの意味を表す。on earth の代わりに in the world を用いることもある。

(11)　解答　1

その市では以前よりも犯罪が増えたと信じる人もいた。しかし，**警察の調査によると**，実際，犯罪は減少していた。

解説　「犯罪は増えた」→「しかし，警察の調査～，犯罪は減少していた」という文脈なので，according to ～「～によると」を選ぶ。talking of ～「～と言えば」。

(12)　解答　3

A: ホーソンレッドシューズはその野球の試合に勝つと思いますか。

B: **率直に言って**，私はそう勝つと思いません。年間を通じて1試合も勝っていませんから。

解説　ホーソンレッドシューズが勝つかどうかきかれて「率直に言って，そう思わない」と答えている。Frankly speaking は「率直に言って」という意味で，通常，文頭で用いられる。for example「たとえば」，in return「お返しに」，to begin with「まず初めに」。

(13)　解答　2

A: ハーベイ，今週末，ブリティッシュロックのコンサートに一緒に行かない？　私，ブリティッシュロックが大好きなの。

B: うーん，僕**としては**，Jポップの方が好きだな。誰かほかの人を誘ったら？

解説　Bは自分としてはJポップの方が好きだと言っている。as for ～は「～について言えば」という意味。except for ～「～を除いて」，instead of ～「～の代わりに」，rather than ～「～よりもむしろ」。

(14)　解答　4

A: 外に出てソフトボールをしようよ，レオン。

B: だめ。雨が降りそうだよ。僕は**むしろ**家にいて**コンピュータゲームをしたい**な。

解説　BはAの「外に出よう」という提案を断り，代案を出している。would rather ～（than …）で「（…よりも）むしろ～したい」という意味。would rather の後には動詞の原形がくることにも注意。

会話文の空所補充問題を攻略！②

今日の 目 標	筆記2では，典型的な会話表現が，場面をつかむのに役立つこともある。今日は，会話での定型表現を場面・機能ごとに整理して学習していく。これらの表現は，リスニング第1部，第2部の会話を聞く上でも重要である。

ポイント1　場面別に会話表現をおさえる

場面別に会話表現を見ていこう。リスニングなどでは，これらの表現から会話の場面を推測できる。

① 店・デパートなどで

A: (How) May [Can] I help you?	*A:* ご用件をお伺いします。
B: Yes, I'm looking for a tie.	*B:* ええ，ネクタイを探しています。

② レストラン・ファストフード店で

A: Are you ready to order?	*A:* ご注文をお伺いいたしましょうか。
B: Sure. What do you recommend?	*B:* ええ。何がおすすめですか。
Do you have a table for six people in the non-smoking section?	6人用の禁煙席はありますか。
A: Is this for here or to go?	*A:* こちらでお召し上がりになりますか，それともお持ち帰りになりますか。
B: For here, please.	*B:* ここでいただきます。

③ 電話で

A: May I speak to Mr. Jones?	*A:* ジョーンズさんをお願いします。
B: Sure. Hold on, please.	*B:* わかりました。切らずにお待ちください。
A: Can I take a message? / Would you like to leave a message?	*A:* ご伝言を承りましょうか。
B: No, thank you. I'll call back later.	*B:* いいえ，結構です。後でかけ直します。
May I leave a message?	伝言をお願いできますか。
I'm afraid you have the wrong number.	恐れ入りますが，番号をお間違えだと思います。

④ 道案内で

A: Could you tell me the way to the station?	*A:* 駅へ行く道を教えていただけますか。
B: Sure. Go down this street for two blocks.	*B:* いいですよ。この通りを2ブロック進んでください。

空所の前後にこれらの表現が出てきたら，空所部分に入るべきものが推測できる。例えば，空所の後に感謝する表現があったら空所では何か親切な申し出が，同意する表現があったら何か提案が空所に入ると予想できる。

① 感謝する

A: That's very kind of you. *B:* No problem. / My pleasure.	*A:* ご親切にありがとうございます。 *B:* どういたしまして。
A: Do you need any help? *B:* No, that's OK. Thank you all the same. / 　　Thanks anyway.	*A:* お手伝いが必要ですか。 *B:* いいえ，結構です。でもありがとう。
That would be great.	それはありがたい。

② 提案する

How about eating out tonight?	今夜，外食するのはどうですか。
Why don't you take a day off tomorrow?	明日，休みを取ったらどうですか。
Why don't we go to see a movie? (= Why not go to see a movie?)	映画を見に行きませんか。
What do you say to going for a walk?	散歩に行くのはどうですか。

③ 同意する

(That's a) Good idea!	それはいい考えね！
(That) Sounds great!	いいね！
That sounds like fun!	それは楽しそうだね！
Certainly, sir [ma'am].	（客に対して）かしこまりました。

④ 意見・感想を求める

What do you think of this plan?	この計画についてどう思いますか。
How do you like your new school?	新しい学校はどうですか。
How was your trip to London?	ロンドンへの旅行はいかがでしたか。

⑤ 断る

A: Would you like to go to see a movie? *B:* I wish I could. / I'm afraid I can't.	*A:* 映画を見に行かない？ *B:* そうできればよいのですが。／残念ながら行けません。
A: Let's go out for dinner. *B:* I'd love to, but	*A:* 夕食は外食しようよ。 *B:* そうしたいけど，…。

⑥ 同情する

I'm sorry to hear that.	それはお気の毒です。
That's too bad, but cheer up!	それは大変ですね，でも元気出して！

次のページからは練習問題。ここで学んだことを使って問題を解いてみよう！

human 形 人間の　　cheap 形 安い　　either 形 （2者のうち）どちらか（一方）の

次の四つの会話文を完成させるために，(1)から(5)に入るものとして最も適切なものを1，2，3，4の中から一つ選びなさい。

☐☐ **(1)**　*A:* Hello. This is Bob Smith speaking. May I speak to Ms. Benson, please?

　　　　B: I'm sorry. (　**1**　).

　　　　A: Well, can I leave a message? Please tell her I'll be late for the appointment to see her at 2 p.m. today.

　　　　B: Hold on, please. I'll get a pen.

　　　1　She's not in at the moment

　　　2　You might have the wrong number

　　　3　I didn't catch your name

　　　4　She's on vacation this week

☐☐ **(2)**　*A:* Here is your steak and fries, ma'am. Do you have everything you ordered?

　　　　B: Yes, I guess so. Thank you. Oh, (　**2**　)?

　　　　A: We have many types. I recommend the apple pie.

　　　　B: That sounds nice. I will order that, thank you.

　　　1　what kinds of dessert do you have

　　　2　how did you make the sauce

　　　3　when will my drink arrive

　　　4　who will pay the bill

☐☐ **(3)**　*A:* Ben, I'm going to Australia with my family this summer.

　　　　B: That's great, Cathy. Do you know that I've always wanted to go there?

　　　　A: Really? Why don't you come with us, then? I'll ask my father about it tonight.

　　　　B: Well, I wish I could. (　**3**　).

　　　1　We plan to go to Australia with you

　　　2　I'll get a passport

　　　3　I have to work all through the summer

　　　4　We can go to New Zealand, too

(1) 解答 1

A: もしもし。ボブ・スミスと申します。ベンソンさんをお願いできますか。

B: 申し訳ありません。<u>彼女はただいま席を外しております。</u>

A: では，伝言をお願いできますか。本日午後2時にお会いする約束の時間に遅れると彼女に伝えてください。

B: そのままお待ちください。ペンを取ってまいります。

  1 彼女はただいま席を外しております
  2 （電話）番号が間違っているようです
  3 あなたのお名前を聞き逃しました
  4 彼女は今週，休暇中です

解説 電話での会話。「ベンソンさんをお願いできますか」と言うAに対して，BがI'm sorry. と答え，Aはベンソンさんとの約束の時間に遅れると伝言を頼んでいるので，ベンソンさんは電話口に出られない状況だと判断する。正解は**1**。Aが伝言を頼んでいることから間違い電話ではないとわかるので，**2**は不適である。この発言の後にAが名乗っていないので**3**も不適。また，今日会う約束をしていることから休暇中ではないとわかるので，**4**も不適である。この問題には電話での定型表現がたくさん出てくる。Bの2回目の発言中のHold on, please. は「切らずにお待ちください」と言う意味。Hold the line, please. と言うこともできる。

□ She is not in.
（彼女は）ここにいません。

□ at the moment
ただ今，目下のところ

(2) 解答 1

A: お客さま，ステーキとフライドポテトでございます。ご注文の品はすべてそろいましたか。

B: ええ，そう思うわ。ありがとう。あっ，<u>どんな種類のデザートがあるのでしょうか</u>。

A: さまざまな種類がございます。アップルパイがおすすめです。

B: いいわね。それを注文するわ，ありがとう。

  1 どんな種類のデザートがあるのでしょうか
  2 そのソースはどうやって作ったのですか
  3 飲み物はいつ来るのですか
  4 会計はだれが払うのですか

解説 冒頭のHere is ～. は相手に物を渡すときの表現。レストランで料理が出てきた場面である。空所部分は疑問文なので，その答えである直後の部分に着目する。「多くの種類がある」と言った後で，I recommend the apple pie. 「アップルパイをすすめます」と述べているので，デザートについて尋ねたと考えて，**1**を選ぶ。

□ (French) fries
フライドポテト

□ recommend
～をすすめる

(3) 解答 3

A: ベン，私はこの夏に家族とオーストラリアに行くのよ。

B: それはいいね，キャシー。僕がずっとそこに行きたいと思っていたことを知ってる？

A: 本当？　それじゃあ，私たちと一緒に行かない？　今夜父に聞いてみるわ。

B: うーん，行きたいのはやまやまなのだけど。<u>夏の間はずっと仕事をしないといけないんだ。</u>

  1 僕たちは君と一緒にオーストラリアに行くつもりだよ
  2 パスポートを取得するよ
  3 夏の間はずっと仕事をしないといけないんだ
  4 僕たち，ニュージーランドにも行けるね

解説 Aの2回目の発言Why don't you *do*?は，「～しませんか」と相手を誘う表現。「一緒にオーストラリアに行きませんか」と誘われてBがI wish I could. と答えていることに注意する。これは仮定法の文でI wish I could go.「行けたらいいのだけど（実際には行けない）」という意味。したがって，空所部分には一緒に行けない理由がくると考えて，**3**を選ぶ。

□ all through ～
～の間ずっと

whole 形 全体の　　frozen 形 凍った　　central 形 中心(部)の

A: Honey, I'm so hungry. What's for dinner tonight?

B: Well, (　4　)? I'm simply too tired to cook.

A: Italian again? Let's try somewhere else.

B: Well, how about Chinese then?

A: Do you have any particular restaurant in mind?

B: (　5　)? I've heard their chicken is really good.

A: That sounds good. How should we get there?

B: Let's call a taxi.

☐☐ **(4)**　**1**　why don't we cook Italian food together

　　　　　　2　what did we eat last time

　　　　　　3　how did you like the pasta I cooked yesterday

　　　　　　4　what do you say to going to that Italian restaurant

☐☐ **(5)**　**1**　How about the one in the Region Hotel

　　　　　　2　How did you know that I wanted to go to that restaurant

　　　　　　3　Where do you want to go

　　　　　　4　Is it far from here

　loud形（声や音が）大きい　　magic形 奇術の　　pretty副 なかなか

解答・解説

A: ねえ，お腹ペコペコだよ。今夜の夕食は何？
B: そうねえ，**あのイタリアンレストランに行くのはどうかしら？** とにかくすごく疲れてしまって料理ができないのよ。
A: またイタリアン？ どこか別のところにしようよ。
B: それじゃあ，中華はどう？
A: どこか特定のレストランを考えてるの？
B: **リージョンホテルの中のレストランはどうかしら？** チキンがすごくおいしいって聞いたわ。
A: いいね。そこへはどうやって行こうか。
B: タクシーを呼びましょう。

NOTES

What's for dinner?は夕食のメニューを聞くときの表現。

□ somewhere else
　どこか別のところ
□ have ～ in mind
　～が頭にある
□ particular　特定の

13
日目

筆記
2

(4) 解答 **4**

1 一緒にイタリア料理を作りませんか
2 前回私たちは何を食べたのかしら
3 昨日私が作ったパスタはどうだったかしら
4 あのイタリアンレストランに行くのはどうかしら

解説 冒頭のWhat's for dinner tonight?から，話題は夕食についてだとわかる。Bは，空所の後でI'm simply too tired to cook.「とにかくすごく疲れてしまって料理できない」と言っていることから，外食を提案していると考えられる。正解は**4**で，What do you say to *doing?* は「～するのはどうですか」と提案するときの表現。

(5) 解答 **1**

1 リージョンホテルの中のレストランはどうかしら
2 私がそのレストランに行きたいってどうして知っていたの
3 あなたはどこに行きたいの
4 それはここから遠いの

解説 空所の後でAがThat sounds good.「それはいいね」と言っているので，Bは何か提案をしたと考えられる。正解は**1**で，How about ～?「～はどうですか」は提案するときの定型表現。空所の前の部分でAに特定のレストランを考えているのか尋ねられたBは，チキンがおいしいと評判のレストランを提案したのである。the oneはthe restaurantを指している。

□ far from ～　～から遠い

certainly圖（返答として）もちろんです　　finally圖 ついに　　alone圖 1人で

14 日目

長文の語句空所補充問題を攻略！②

今日の目標

基礎編の4日目では，同じ内容の言い換えに着目することを学習したが，応用編の今日は接続表現に着目して問題を解く方法を学ぼう。接続表現は，文と文を結び，文章全体に流れをつくる表現で，長文読解において非常に重要である。

▶ポイント1　重要な接続表現・接続詞をおさえる

接続表現は，文と文などをつなぐ働きを持つ副詞的表現である。おさえておきたい接続表現や接続詞には次のようなものがある。それぞれの接続表現がその前後の文をどのような関係で結びつけるかを理解していこう。

仮定	if「もし〜ならば」, unless「〜でない限り」
理由	because「〜なので」, for「というのは〜」, since「〜なので」
時	when「〜するとき」, while「〜する間」
逆接	though [although]「〜だけれど」, but「しかし〜」, however「しかしながら」, nevertheless「それにもかかわらず」, even so「たとえそうでも」
追加	moreover「さらに」, also「また」, in addition「さらに」, besides「その上」, furthermore「さらに」
対比	on the other hand「その一方で」, at first「最初は（〜だが）」, while「〜の一方で」
因果関係	therefore「それゆえに」, as a result「その結果」, so「だから〜」
例示	for example「例えば」, for instance「例えば」
言い換え	in other words「言い換えれば」

▶ポイント2　接続表現から文章の流れを読み取る

接続表現はその前後にある2つの文を「ある関係」で結びつけ，文章全体に流れをつくる働きがある。例えば，「ある関係」には次のようなものがある。

例）〈A + However + B〉　　　← BにはAと対立する内容がくる
　　〈A + For example + B〉　← BにはAの具体例がくる
　　〈A + Moreover + B〉　　　← BにはAの追加的な内容がくる

空所補充問題として，**接続表現などから2つの文の関係を理解して文脈に合う語句を選ぶ問題**がよく出題される。

次の例題を見てみよう。

例題

Jason's Stories

Jason loves science fiction. Last year, he began writing some of his own stories. However, Jason was too shy to show them to other people. One day, his mother went into his room to do some cleaning. While she was there, she (**1**). She read it and thought it was excellent.

Later, when Jason came home from school, she told him that he should send it to a magazine for a story contest. Jason (**2**). One month later, he received an e-mail from the magazine saying that he won third prize. This helped to make Jason more confident. Now, he shows his stories to his friends, and he is writing more for story contests. He hopes that next time he can win first prize.

(1)   **1** found one of the stories   **2** cleaned up his desk
       3 gave him a story idea   **4** made the bed

(2)   **1** agreed to try it   **2** was very angry at her
       3 stopped writing stories   **4** thanked her for fixing it

解説

(1) 解答：1

SF小説好きのジェイソンについての話である。第1段落の内容をつかんでいこう。まず第2文でジェイソンが自分で物語を書き始めたことが述べられ，第3文がHowever「しかしながら」という接続表現で始まり，ジェイソンは恥ずかしくてその物語を人に見せることができない状況であったことをつかむ。第4文からは，One day「ある日」の出来事の説明となる。母親が掃除をするためにジェイソンの部屋に入ったとあり，空所を含む第5文につながる。第5文は，while「～する間」という接続詞から始まり，「彼女がそこにいた間，彼女は～」という文脈である。直後の第6文に「彼女はそれを読んですばらしいと思った」とあることから，正解は**1**。第6文中にある2つのitはともに**1**のone of the stories「その物語の1つ」を指すと考える。**2**「彼の机をきれいにした」，**3**「彼に物語のアイデアを与えた」，**4**「ベッドを整えた」。

(2) 解答：1

第2段落は，ジェイソンが母の勧めで物語のコンテストに応募したことについてである。第1文で，when Jason came home from school, she told him that he should send it to a magazine for a story contest「ジェイソンが学校から帰って来ると，彼女は彼にそれを物語のコンテストのために雑誌に送るといいと話した」と母の勧めについての説明があり，その後に空所を含む第2文「ジェイソンは～」が続く。直後の第3文にOne month later, he received an e-mail from the magazine saying that he won third prize.「1か月後，彼はその雑誌から彼が3等賞を獲得したことを告げるメールを受け取った」とあることより，ジェイソンは母の勧めに従ってコンテストに挑戦したことがわかるので，正解は**1**。agree to *do*は「～することに同意する」，try itのitはa story contestを指す。第4文以下には，コンテストに入賞したことがきっかけでジェイソンが自信をつけて恥ずかしがらずに人に自分の作品を見せられるようになり，次回以降もコンテストに挑戦しようとしていることが述べられている。**2**「彼女にひどく怒った」，**3**「物語を書くのをやめた」，**4**「それを修理してくれて彼女にお礼を言った」。

訳

ジェイソンの物語

　　ジェイソンはSF小説が大好きである。昨年，彼は自分で物語をいくつか書き始めた。しかし，ジェイソンはあまりにも恥ずかしくて，それをほかの人に見せることができなかった。ある日，彼の母が掃除をしようと彼の部屋に入った。彼女は，そこにいる間，<u>その物語の1つを見つけた。</u>それを読んで，彼女は，それはすばらしいと思った。

　　その後，ジェイソンが学校から帰って来ると，彼女は彼にそれを物語のコンテストのために雑誌に送るといいと話した。ジェイソンは<u>それに挑戦することに同意した</u>。1か月後，彼はその雑誌から彼が3等賞を獲得したことを告げるメールを受け取った。このことはジェイソンにもっと自信をつけさせる助けとなった。今，彼は自分の物語を友達に見せていて，物語のコンテストに向けてさらに多く書いている。彼は次回1等賞を取れることを願っている。

　　too ... to *do* 〜するには…すぎる　　the way ... …のやり方　　because of 〜 〜の理由で

次のページからは練習問題。ここで学んだことを使って問題を解いてみよう！

次の英文を読み，その文意にそって(1)から(2)までの（　　　　）に入れるのに最も適切なものを1，2，3，4の中から一つ選びなさい。

Video Diary

Kaori and Aiko are high school students. Every summer vacation, their teacher gives them a project to complete. For this year's project, all students had to keep a diary about what they did during the vacation. Most students bought a book and wrote down their daily routines. Kaori and Aiko decided (**1**   ). Instead of just writing their diaries, they recorded them on video.

Kaori's father works as a photographer, so he has many cameras. Some of his cameras can record video. He agreed to lend one of his cameras to Kaori and Aiko. Kaori and Aiko recorded many hours of video for their project, but they (**2**   ). As a result, Kaori's father showed them how to edit the video on his computer. With his help, they chose the best parts of the video for their diary. They received a high grade for their work.

□□　**(1)**　　**1** not to take any pictures　　　**2** not to complete the project
　　　　　　　3 to do something different　　　**4** to write every morning

□□　**(2)**　　**1** erased most of it　　　　　　　**2** couldn't use it all
　　　　　　　3 could not record properly　　　**4** accidentally broke the camera

ビデオ日記

　カオリとアイコは高校生である。毎年夏休みに彼女らの先生は（休み中に）仕上げなければならない研究課題を出している。今年の課題ではすべての生徒が休暇中にやったことについて日記をつけなければならなかった。ほとんどの生徒はノートを買って日々やっていることについて書き留めた。カオリとアイコは違うことをすることに決めた。単に日記を書くのではなく，日記をビデオに録画したのだ。

　カオリの父は写真家として仕事をしているので，たくさんのカメラを持っている。そのカメラの中にはビデオ録画ができるものもある。彼は自分のカメラの1つをカオリとアイコに貸すことに同意してくれた。カオリとアイコは研究課題のために何時間もビデオを録画したが，そのすべてを使えたわけではなかった。結果的に，カオリの父は彼女たちにコンピュータでビデオを編集する仕方を教えてくれた。彼の助けのおかげで，彼女たちは日記のためにビデオの一番いい部分を選ぶことができた。彼女たちはその課題に対して高い評価をもらった。

□ complete
　〜を完成させる
□ keep a diary
　日記をつける
□ routine
　いつもしている仕事，日課
□ instead of *doing*
　〜する代わりに
□ photographer　写真家

14
日目

筆記
3

□ edit　〜を編集する

(1)　**解答** 3

解説 空所を含む文 Kaori and Aiko decided (　　　　　). と次の文 Instead of just writing their diary, they recorded them on video. が同じ内容を伝えていることに着目しよう。日記ではなくビデオに録音することにして，「（普通とは）違うことをすること」に決めたと考えて，正解は **3**。**1**「写真を撮らないことに」，**2**「課題を完成させないことに」，**4**「毎朝書くことに」。

(2)　**解答** 2

解説 空所直後にある接続表現 As a result「その結果，結果的に」に着目しよう。結果的にカオリの父がビデオの編集の仕方を教えてくれたのは，録画したビデオのすべてが使えたわけではなかったからだと考えて，正解は **2**。couldn't use it all は「そのすべてが使えたわけではなかった」という意味で，部分否定になっていることにも注意。**1**「そのほとんどを消した」，**3**「適切に録画できなかった」，**4**「誤ってそのカメラを壊してしまった」。

長文の内容一致選択問題を攻略！②

今日の目標　英語の段落（パラグラフ）には「1段落に1つの考え」という原則があり，その「考え（トピック）」を提示する文がトピックセンテンスである。今日はトピックセンテンスを意識して，長文全体の構成を読む方法をマスターしよう。

ポイント1　段落の構成を理解する

英語の段落には，以下のような基本構造がある。

① **トピックセンテンス（主題文）**
　→段落の中心的な内容や話題を提示する文。段落の最初にあることが多い。
② **サポーティングセンテンス（支持文）**
　→トピックセンテンスについてより詳しい説明や理由，具体例などが示される。通常，複数の文から成る。
③ **コンクルーディングセンテンス（まとめの文）**
　→段落全体のまとめの文。段落によっては省略されることもある。

英語の段落はこのような構造になっている。そのため，中心的な内容をおさえるためには，トピックセンテンスやコンクルーディングセンテンスがくる段落の最初と最後の部分に特に注目するとよい。

ポイント2　トピックセンテンスを中心に長文を攻略する

少し視点を広くして，文章全体の流れについて考えてみよう。文章はふつう複数の段落から成る。各段落のトピックセンテンスが理解できると，そのトピックセンテンスだけを段落順に読むだけで，その文章の流れがつかめ，全体像を理解することができる。全体像が理解できれば，その文章で読み取るべきポイントも見えてくる。

トピックセンテンスに注目する読み方を，例題を使って見てみよう。次の例題は5日目で学習したSongkranの文章全体である。

Songkran

Foreigners who visit Thailand in April may see something surprising. Thai people are usually gentle and kind. But at this time of year, they can be seen throwing water at each other! They use buckets or water guns. The water fights happen all over Thailand, from the capital city of Bangkok to the smallest villages. To visitors, it probably seems like the whole country is having one huge water fight. For this reason, foreigners often call this the Water Festival. Foreign tourists must be careful because they may get very wet during the festival.

However, the Water Festival, or *Songkran* in Thai, is not just a water fight. The most popular religion in Thailand is Buddhism, so most people are Buddhist. The festival is during the Thai New Year. An important part of the festival is to listen to Buddhist monks.* They help Thai people clean their bodies and minds. In the same way, water cleans physical things.

Songkran is a time when Thai people use water to wash their homes, temples, and bodies. On the first day of the festival, a museum statue of the Buddha god called Buddhasihing is carried by a large group of people. Thai people throw water on it to clean it. The festival is also a time when families get advice from older people in their families.

Visitors who come to Thailand during *Songkran* can also go to many different events. These often include folk dances by Thai people in beautiful traditional clothing. Unique Thai art displays are also very popular at this time. People can try a variety of traditional Thai foods — created especially for *Songkran* — at restaurants throughout the nation. *Songkran* is not just about water fights. Foreigners who visit Thailand should remember to learn more about it.

*monk: 僧

(1) According to the passage, during the *Songkran* festival, visitors
    1 must throw water at other people.
    2 cannot use water guns.
    3 must not stay in big cities.
    4 should prepare for possibly getting wet.

(2) What do Buddhist monks do during *Songkran*?
    1 They throw water on other monks.
    2 They listen to festival music.
    3 They help Thai people feel better.
    4 They visit families around Thailand.

(3) The festival called *Songkran* is a time when

  1 Thai people can make money by cleaning homes.

  2 older family members give advice to younger ones.

  3 Thai people build special statues for their country.

  4 younger people get to throw water on older people.

(4) Which of the following statements is true?

  1 Throwing water is just one part of the festival.

  2 Thai people do not enjoy the festival.

  3 The events are a good way to meet foreigners.

  4 The festival stops people from using a lot of water.

解 説　赤字部分が各段落のトピックセンテンスである。赤字部分を中心に文章全体の内容を整理すると，以下のようになる。改めて，本文の赤字の文の概要を読んでみよう。文章全体の論理の流れがすっきりとわかる。

第1段落：（第1文）4月のタイでは驚くべきものが見られる。
　　　　　→the Water Festivalの具体的な内容についての説明
第2段落：（第1文）ソンクラーンは単なる水かけ合戦ではない。
　　　　　→ソンクラーンの仏教的な意味の説明
第3段落：（第1文）ソンクラーンは家，寺，体を水で清めるときである。
　　　　　→祭りの期間中にタイの人々が行うことの説明
第4段落：（第1文）ソンクラーンの時期にはほかの行事もある。
　　　　　→そのような行事の具体的な例の説明

(1) 第1段落のトピックセンテンスにあるsomething surprisingが国をあげての水かけ合戦であることを読み取る。質問に関係する部分は第1段落の最終文。この祭りでは，旅行者もぬれることを覚悟しておくべきなのである。
(2) 第2段落のトピックセンテンスは冒頭の「ソンクラーンは単なる水かけ合戦ではない」である。その後に説明されているソンクラーンの仏教的な意味を読み取る。第4〜5文にあるように，タイの人々は僧侶の話を聞き，身も心も清めるのである。
(3) 第3段落のトピックセンテンスは冒頭の1文で，この段落ではソンクラーンの時期に人々が具体的に何をするのかを読み取る。第1文に「家や寺や体を水で清めるとき」とあり，最終文に「家族の年長者から助言を受けるとき」とある。質問は最終文に関係する。
(4) 第4段落のトピックセンテンスは冒頭の1文で，この段落ではソンクラーンの期間に外国人旅行者ができることが紹介されている。民族舞踊や美術品の鑑賞，タイの伝統料理が楽しめる。最後から2文目にまとめとして，*Songkran* is not just about water fights「ソンクラーンは単なる水かけ合戦ということではない」とある。

解答：(1) 4　(2) 3　(3) 2　(4) 1

訳

ソンクラーン

　4月にタイを訪れる外国人は驚くべきものを目にするかもしれない。タイの人々は普通穏やかで親切である。しかし，1年のうちのこの時期，彼らがお互いに水をかけ合っているところが目撃されるかもしれないのだ！　彼らはバケツや水鉄砲を使う。水かけ合戦は首都バンコクから最も小さな村まで，タイの国中で行われる。観光客にとっては，おそらく国中が1つの大きな

　keep (on) *doing* 〜し続ける　　put on 〜 〜を着用する　　get married (to *A*) （*A*と）結婚する

水かけ合戦をやっているように思えるであろう。このため，外国人はしばしばこれを「水祭り」と呼ぶ。この祭りの間はずぶぬれになるかもしれないので，外国人観光客は注意しなければならない。

　しかし，水祭り（タイ語ではソンクラーン）は単なる水かけ合戦ではない。タイで最も一般的な宗教は仏教なので，ほとんどの人々が仏教徒である。祭りはタイの新年の間に行われる。祭りの重要な要素は僧侶の話を聞くことである。僧侶はタイの人々が肉体と精神を浄化する手助けをする。それと同様に，水は物体を清めるのである。

　ソンクラーンはタイの人々が自分の家，寺，体を清めるために水を使うときである。祭りの初日には，ブダシーンと呼ばれる博物館所蔵の仏像が大勢の人々によって運ばれる。タイ人はそれを清めるために水をかける。祭りはまた，家族の年長者から助言を受けるときでもある。

　ソンクラーンの期間中にタイにやって来る観光客は多くのさまざまな行事にも行くことができる。この中には，美しい伝統的な衣装を着たタイ人による民族舞踊もある。珍しいタイの美術品展示もこの時期にとても人気がある。さまざまな伝統的なタイ料理（ソンクラーンのために特別に作られたもの）も国中のレストランで食べられる。ソンクラーンは単なる水かけ合戦ではない。タイを訪れる外国人はそれについてもっと知るように心に留めておく必要がある。

(1) 文章によると，ソンクラーン祭りの間，観光客は
　　1 他人に水をかけなければならない。
　　2 水鉄砲を使えない。
　　3 大都市に滞在してはいけない。
　　4 ぬれる可能性があることを覚悟すべきである。

(2) 僧侶はソンクラーンの間，何をしますか。
　　1 ほかの僧侶に水をかける。
　　2 祭りの音楽を聞く。
　　3 タイの人々がよい気持ちになる手助けをする。
　　4 タイの国内中の家族のもとを訪れる。

(3) ソンクラーンと呼ばれる祭りは，
　　1 タイ人が家をきれいにすることでお金を稼ぐことができるときである。
　　2 家族の年長者が若者に助言をするときである。
　　3 タイ人が国のために特別な仏像をつくるときである。
　　4 若者が年長者に水をかけるようになるときである。

(4) 次の文のうち正しいのはどれですか。
　　1 水をかけるのは祭りの一部分にすぎない。
　　2 タイ人はその祭りを楽しんでいない。
　　3 その行事は外国人に会うよい方法である。
　　4 その祭りは人々がたくさんの水を使うことをやめさせる。

次のページからは練習問題。ここで学んだことを使って問題を解いてみよう！

次の英文[A]，[B]の内容に関して，(1)から(7)までの質問に対して最も適切なもの，または文を完成させるのに最も適切なものを1，2，3，4の中から一つ選びなさい。

[A]

From: Linda Marks <l-marks@umail.com>
To: Paul Krehbiel <krehbielp@photoshots.com>
Date: November 9
Subject: A favor

Dear Mr. Krehbiel,

It was great to meet you at the gym the other day. I don't usually talk to other gym members, but I'm glad I did this time! Thanks for teaching me how to use the weight machines that I wasn't familiar with. Using them correctly will help me get into shape for the upcoming soccer season. Besides that, I was not expecting to meet a photographer when I went to the gym!

You said that you had a very interesting career and did many jobs in photography. My art teacher is always encouraging us to consider careers in art. So far, she has had a painter and a glass artist speak to our class, but she hasn't found a photographer yet. Do you think you would be interested in telling our class about your various jobs? We would love to learn what made your jobs interesting.

I'll put you in touch with my teacher if you could help us out. I'm sure it would be easier for her to speak with you by phone, so can you please give me your number? Then you two can decide the day. By the way, my teacher's name is Ms. Hampel. And if you talk to our class, it would be between 1:10 and 2:00 p.m. Thanks so much!

Linda Marks

□□ **(1)** The other day, Mr. Krehbiel helped Linda
    1 take many great photographs.
    2 meet a couple of gym members.
    3 practice some new soccer techniques.
    4 learn to use gym equipment properly.

□□ **(2)** What does Linda ask Mr. Krehbiel to do?
    1 Tell her class about his career.
    2 Let the students visit his previous workplace.
    3 Show the students his painting skills.
    4 Discuss the art of glass making.

□□ **(3)** When Mr. Krehbiel accepts Linda's request, he should
    1 stop by her classroom to meet her teacher.
    2 let her teacher contact him by telephone.
    3 pick a day and time that works best for him.
    4 contact her teacher between 1:10 and 2:00 p.m.

the first time ... 初めて…するとき   right away 直ちに   in order to *do* ～するために

NOTES

□ the other day　先日

□ be familiar with ～
　　～をよく知っている

□ get into shape
　　体を鍛える，調整する

□ upcoming
　　もうすぐやって来る

□ career　職歴，キャリア

□ photography
　　写真撮影，写真術

□ encourage ～ to *do*
　　～に…するように勧める

□ help out ～
　　～の力になってやる

put you in touch with my teacherは「あなたを先生と連絡がとれるようにする」という意味。

送信者：リンダ・マークス <l-marks@umail.com>
受信者：ポール・クレビール <krehbielp@photoshots.com>
日付：11月9日
件名：お願い

クレビールさん

　先日はジムでお会いでき光栄でした。私は普段，ジムのほかのメンバーに話しかけることはないのですが，今回はそうしてよかったと思います！　よくわからなかったウエイトマシーンの使い方を私に教えてくださってありがとうございました。それを正しく使えることは，私がすぐそこに迫ったサッカーシーズンに向けて体を調整するのに役立つことと思います。それに，ジムに行って（あなたのような）写真家に会えるとは予期していませんでした！

　あなたはとても面白い経歴をお持ちで，写真撮影で多くの仕事をしたとおっしゃっていましたね。私の美術の先生は，芸術の分野での仕事を考えるようにいつも私たちに勧めています。今のところ，画家とガラス工芸家の人に授業で話をしてもらいましたが，まだ写真家は見つかっていません。私たちのクラスであなたのさまざまな仕事について話すことにご興味はありますか。私たちはあなたの仕事がなぜ面白かったのかを知りたいと思っています。

　もしあなたが私たちの力になってくださるなら，あなたが先生と連絡を取れるようにしたいと思います。電話であなたと話す方がきっと先生は楽だと思いますので，電話番号を教えていただけますか。そうすれば，お2人で日にちを決められることでしょう。ところで，私の先生の名前はハンペル先生です。そして，もし私たちのクラスで話すとすれば，午後1時10分から2時の間になります。

　よろしくお願いいたします！

リンダ・マークス

読解のポイント　ヘッダーにあるA favor「お願い」から何かを依頼するEメールであることがわかる。各段落の読み取るべきポイントは以下の通り。

第1段落：リンダはクレビール氏とはどのようなきっかけで出会ったのか
第2段落：リンダはクレビール氏にどんなお願いをしているのか
第3段落：お願いを承諾してもらった場合にやるべきことと知っておくべきことは何か

(1) 解答 **4**

先日，クレビール氏はリンダが
1 いい写真をたくさん撮るのを手伝った。
2 何人かのジムのメンバーに会う手助けをした。
3 新しいサッカーの技術を練習するのを手伝った。
4 ジムの設備を正しく使えるようになるよう手伝った。

解説 第1段落第3文に「私がわからなかったウエイトマシーンの使い方を教えてくれてありがとう」とあることから，正解は**4**。第1段落では，リンダがクレビール氏と偶然ジムで出会ったことと，クレビール氏が写真家であったことが述べられている。

(2) 解答 **1**

リンダはクレビール氏に何をすることを頼んでいますか。
1 クラスの生徒たちに彼の仕事について話す。
2 生徒たちに彼の以前の仕事場を訪問させる。
3 生徒たちに彼の絵の技術を見せる。
4 ガラス工芸について議論する。

解説 第2段落第4文に「私たちのクラスであなたのさまざまな仕事について話すことに興味はあるでしょうか」とあるので，正解は**1**。第2段落では，リンダの美術の先生が授業で芸術家の話を聞かせていること，そして写真家であるクレビール氏にも彼の仕事について授業で話してもらいたいことが述べられている。

(3) 解答 **2**

クレビール氏がリンダの依頼を受ける場合，彼は
1 彼女の先生と会うために教室に立ち寄るのがよい。
2 彼女の先生が彼と電話で連絡を取れるようにするのがよい。
3 彼にとって一番都合のよい日時を選ぶのがよい。
4 午後1時10分から2時の間に彼女の先生と連絡を取るのがよい。

解説 第3段落第2文に「電話であなたと話す方がきっと先生は楽だと思うので，電話番号を教えてもらえますか」とあるので，正解は**2**。第3段落では，クレビール氏が依頼を受けてくれる場合，クレビール氏が先生と連絡を取れるようにするとリンダが申し出ていて，具体的には先生の方から電話をかけるようにするので電話番号を教えてくれるよう頼んでいる。

□ equipment 設備
□ properly 適切に

15
日目

筆記
4

□ previous 前の

[B]   Keep Left, Keep Right

Around the world, cars drive on different sides of the road depending on the country. Cars keep to the right side of the road in many countries. Countries that drive on the left are also common. Some such countries include Japan and the United Kingdom. The rules have been decided for all countries and, in many cases, these rules existed even before automobiles were created. Some of these rules were created when wagons that were pulled by horses were the main method of transportation.

One such country was England. In the 1700s, England decided that wagons traveling on London Bridge must keep to the left side of the bridge. In later years, this rule was spread across the country. People believe that in Japan, they used the same practice since many English engineers came to work on the first Japanese railroads.

In North America, however, traffic kept to the right. This is because large wagons were popular there. These wagons had two horses, and the driver controlled the horses with their right hand. They would sit on the left side so that their right hand could reach the two horses. If the driver sits on the left side of the wagon, it is safer to put the wagon on the right side of the road so that the driver can have a clear view of the whole road.

Some areas changed the side of the road they would drive on much later. Many countries in Europe chose to drive on the right side of the road. Sweden, however, kept driving to the left side of the road until 1967, when they changed to the right side. The change was very expensive and many people complained about the cost, but it was done to make it easier for cars coming from nearby countries.

   help *A* with *B* AのBを手伝う   get lost 道に迷う   have a baby 赤ちゃんができる

□□ **(4)** Many countries around the world

    1 used separate roads for wagons and cars.

    2 had rules for driving before cars were invented.

    3 changed sides of the road when automobiles became popular.

    4 used wagons that were built in Japan or the United Kingdom.

□□ **(5)** What is the reason Japan probably decided to drive on the left?

    1 They took the idea from English train engineers.

    2 The driving rules were first written by English researchers.

    3 The leaders were inspired by London Bridge.

    4 They bought many wagons from London.

□□ **(6)** The large wagons used in North America were

    1 pulled by more than two horses.

    2 too large for the roads at the time.

    3 most often driven by left-handed people.

    4 easier to control while the driver sat on the left.

□□ **(7)** Why did Sweden change traffic sides in 1967?

    1 It would be cheaper to import cars from outside Europe.

    2 It would be easier for cars from the rest of Europe to drive there.

    3 It would be too expensive to continue driving on the right.

    4 It would be safer to drive on the left there.

15
日目

筆記
4

NOTES

□ depending on ～
　～によって

□ include　～を含む

□ automobile　自動車

□ transportation　輸送

□ spread　～を広げる

□ whole　全体の

□ complain　不満を述べる

左側通行，右側通行

　世界各国において，車は国により異なる道路側を走っている。多くの国で車は道路の右側を走る。左側を走る国も珍しくない。そのような国には日本や英国が含まれる。その規則はすべての国で定まっており，多くの場合，これらの規則は自動車が考案される前には存在していた。これらの規則の中には，馬によって引かれる荷馬車が輸送の主要な手段だったときに作られたものもある。

　そのような国の1つがイングランドだった。1700年代，イングランドはロンドン橋を通る荷馬車は橋の左側を通行しなければならないと決めた。後年，このルールは国中に広がった。日本では，多くのイギリスの技師が日本最初の鉄道事業に従事するためにやって来ていたので，同じ慣例が採用されたと多くの人は考えている。

　しかし，北アメリカでは交通は右側通行である。これは，現地で大型の荷馬車が一般的だったからである。これらの荷馬車には馬が2頭いて，御者は馬を右手で制御していた。彼らは，右手が2頭の馬に届くように左側に座った。もし御者が荷馬車の左側に座れば，道路全体がよく見えるように道路の右側に荷馬車を配置する方が安全である。

　ずっと後になって通行する道路側を変更したところもある。ヨーロッパ本土の多くの国は道路の右側を通行するのを選んだ。しかし，スウェーデンは，1967年まで左側通行を続け，それから右側に変更した。その変更にはとてもお金がかかり，多くの人がその経費に不満を述べたが，近隣の国々から入ってくる車が楽になるように，それは実行された。

　　読解のポイント　交通の左側通行・右側通行についての話。トピックセンテンスを中心に整理すると，以下のようになる。

第1段落：（第1文）交通の左側通行・右側通行は国により異なる。
　　　　　→そのルールは国によって決められていて，荷馬車が主要な輸送手段だったところにそれが決まった国もある。
第2段落：（第1文）そのような国の1つがイングランドだった。
　　　　　→イングランドが左側通行になったのはロンドン橋の渡り方についての規則からである。
第3段落：（第1文）北アメリカでは左側通行であった。
　　　　　→2頭立ての荷馬車の場合に御者は左側に座るが，そのとき右側通行の方が道路全体がよく見えるからである。
第4段落：（第1文）ずっと後になって通行する道路側を変えた国もある。
　　　　　→スウェーデンは1967年に左側通行から右側通行に変更した。

(4)　解答　2

世界中の多くの国では，
1　荷馬車と自動車で別々の道路を利用していた。
2　自動車が発明される前に運行の規則があった。
3　自動車が一般化すると（通行する）道路側を変更した。
4　日本か英国で作られた荷馬車を使用した。

解説　第1段落第5文に通行する道路側についての規則はすべての国で決められており，「多くの場合，これらの規則は自動車が考案される前には存在していた」とあるので，正解は**2**。第1段落後半には，通行する道路側の規則の中には，主要な輸送手段が自動車ではなく荷馬車の時代にすでに存在していたとある。

(5)　解答　1

日本が左側通行をおそらく決めた理由は何ですか。
1　その考えをイングランドの電車の技師から採用したから。
2　その運転規則が最初イングランドの研究者によって書かれたから。
3　指導者たちがロンドン橋に刺激されたから。
4　ロンドンからたくさんの荷馬車を購入したから。

解説　質問にあるJapanについては第2段落最終文にある。そこに日本がイングランドと同じ左側通行を使った理由としてsince many English engineers came to work on the first Japanese railroads「多くのイギリスの技師が日本最初の鉄道事業に従事するためにやって来ていたから」とあるので，正解は**1**。第2段落ではイギリスの左側通行がなぜ始まったのかと，日本が同じルールを採用したと思われる理由について説明されている。

(6)　解答　4

北アメリカで使用されていた大型の荷馬車は，
1　2頭を超える馬に引かれていた。
2　当時の道路には大きすぎた。
3　左利きの人によって一番よく操縦された。
4　御者が左側に座ると制御するのがより簡単になった。

解説　第3段落に，2頭立ての荷馬車の場合に御者は右手で馬を制御するとあり，第4文に「御者は右手が2頭の馬に届くように左側に座った」とある。左側に座ったほうが操縦しやすかったと判断できるので，正解は**4**。第3段落では，北アメリカが右側通行になったのは，左側に座った御者が視界を確保できるようにするためだったと説明されている。

(7)　解答　2

スウェーデンはなぜ1967年に通行側を変更したのですか。
1　ヨーロッパ外から車を輸入する方が安かったから。
2　ほかのヨーロッパの国々からの車がそこで運転しやすくなるから。
3　右側通行をし続けるのはお金がかかりすぎたから。
4　そこで左側通行する方が安全だったから。

解説　第4段落最終文に右側通行への変更は経費がかかり，それに不満を述べる人が多かったが，it was done to make it easier for cars coming from nearby countries「近隣の国々から入ってくる車が楽になるように，それは実行された」とあるので，正解は**2**。第4段落では，1967年に左側通行から右側通行に変更したスウェーデンについて説明されている。

□ separate　別々の

□ inspire
　〜を奮起させる，鼓舞する

□ left-handed　左利きの

□ import　〜を輸入する
□ rest
　残りのもの[人]，その他

come out（太陽・月などが）出る　　next to 〜　〜の隣に　　have fun 楽しむ

Eメール問題を攻略！②

今日の目標

6日目ではEメール問題で「何を」書くべきかについて学習した。今日はそれを踏まえた上で，それぞれの内容を「どのように」書くかについて見ていこう。また，書き終えた後にどのような点をチェックすべきかについても確認していく。

ポイント1　リアクション・質問・回答を書くコツをつかむ

6日目のポイント3で，解答として書くべき内容は「リアクション」→「下線部に関する質問2つ」→「相手の質問に対する回答」であることを学習した。それぞれについて，使える便利な表現には次のようなものがある。

❶ リアクション

I'm glad [happy / surprised / sad] to hear ....

（私は…を聞いてうれしい［うれしい／驚いた／悲しい］）

It's great [wonderful / amazing / shocking] that ....

（…とはすごい［すばらしい／驚きだ／ショックだ］）

It sounds like you enjoy *doing* ....　（あなたは～するのを楽しんでいるようですね）

I didn't know that you like(d) ....　（あなたが～が好きだとは知りませんでした）

Wow, you did it. Congratulations!

（わあ，やったね。おめでとう！）〈試験や試合などでいい結果を出した相手に対して〉

❷ 下線部に関する質問

What color is *A*?　（*A*は何色ですか）

What kind of music [activities / books] ...?　（どんな音楽［活動／本］…ですか）

How big [long / much] is *A*?　（*A*の大きさ［長さ／値段］はどのくらいですか）

How often is *A* used?　（*A*はどのくらいの頻度で使われますか）

What can you do with *A*?　（*A*を使って何ができるのですか）

Is *A* popular among [with] ～?　（*A*は～の間で人気がありますか）

❸ 相手の質問に対する回答

About your question, I think (that) ....　（あなたの質問について私は…と思います）

As for your question, I'm sure (that) ....　（あなたの質問について私は…と確信しています）

Well, I'm afraid (that) ....

（うーん，私は…と思います（心配しています））〈好ましくないことを述べるとき〉

書き終えたら次のチェックリストで自分の解答を確認しよう。チェックすべき事項は次のとおりである。

□ **内容** 下線部についての質問2つと相手の質問に対する回答が含まれているか。

□ **語彙** 準2級のレベルの単語を使えているか。スペリングの誤りはないか。

□ **文法** 正しい文法で文が書けているか。また表現にバリエーションがあるか。

それでは，実際の問題を見てみよう。

例題

● あなたは，外国人の知り合い（Isabella）から，Eメールで質問を受け取りました。この質問にわかりやすく答える返信メールを，[　　]に英文で書きなさい。

● あなたが書く返信メールの中で，IsabellaのEメール文中の下線部について，あなたがより理解を深めるために，下線部の特徴を問う具体的な質問を2つしなさい。

● あなたが書く返信メールの中で[　　]に書く英文の語数の目安は40語〜50語です。

● 解答欄の外に書かれたものは採点されません。

● 解答がIsabellaのEメールに対応していないと判断された場合は，0点と採点されることがあります。IsabellaのEメールの内容をよく読んでから答えてください。

● [　　]の下のBest wishes,の後にあなたの名前を書く必要はありません。

Hi!

Guess what! I started going to the public library in my city. I sometimes have to get some information for my homework. My father suggested studying at the public library. I'm a member of the library, so I can use it for free. I like studying at the library, but it's far from my home. It takes 20 minutes to cycle there. Do you think that more people will use public libraries in the future?

Your friend,
Isabella

Hi, Isabella!

Thank you for your e-mail.

解答欄に記入しなさい。

Best wishes,

解答例 It sounds like you study very hard! How many books does the library have? And is the library open every day? About your question, I don't think so. Most people have computers and the Internet at home. They can get any information they need without going to public libraries. (49語)

問題文の訳 こんにちは！

ねえねえ，聞いて！ 私，市内の公共図書館に行き始めたの。私は時々宿題のためにいくらかの情報を手に入れなければならないの。父が公共図書館で勉強するように勧めてくれたのよ。私はその図書館の会員なので，無料で利用できるの。図書館で勉強するのは好きなんだけど，自宅から遠いのよ。そこまで自転車で行くのに20分かかるわ。あなたは今後，公共図書館を利用する人がもっと増えると思う？

あなたの友達
イザベラ

こんにちは，イザベラ！

Eメールをありがとう。
［解答欄に記入しなさい。］
それでは，

解答例の訳 あなたはすごく頑張って勉強しているようだね！ その図書館には本が何冊あるの？ そして，図書館は毎日開館しているのかな？ あなたの質問については，私はそう思わないな。ほとんどの人は，家にコンピュータとインターネットがあるもの。公共図書館へ行かずに必要とするどんな情報も手に入れられるからね。

解説 イザベラからのEメールは，公共図書館へ通い始めたことの報告で，話題は下線が引いてある「公共図書館」である。時々宿題のために情報を手に入れなければならず父が図書館で勉強することを勧めてくれたこと，自分は図書館の会員なので無料で利用できること，その図書館は自宅から遠いことが述べられ，最後に今後公共図書館を利用する人が増えると思うかどうかを尋ねている。
　　まずは受け取ったEメールへのリアクションを書こう。解答例では，It sounds like ～「～のようだ」という表現を用いて It sounds like you study very hard!「すごく頑張って勉強しているようだね！」と述べられている。ほかに I'm glad to hear you study comfortably at the library.「あなたが図書館で快適に勉強していると聞いてうれしい」などとしてもよい。
　　次に下線が引かれた the public library「公共図書館」についての質問を2つ書く。解答例では，How many books ...?「何冊の本が…？」を用いて蔵書数と，is the library open every day? と開館の状況について尋ねている。ほかには，What time does the library open [close]?「何時に図書館は開館［閉館］するのか」などと尋ねることもできるだろう。
　　最後に相手の質問についての回答を書く。解答例では，About your question, I don't think so.「あなたの質問については，私はそう思わない」と簡潔に自分の意見を述べている。それに続けて，その理由として自宅のコンピュータとインターネットを用いて情報が得られることが2文で具体的に説明されている。逆の立場の場合には，Many people want to save money.「多くの人はお金を節約したがっている」などの理由が考えられる。
　　解答を終えたら，全体をチェックしよう。解答例では，公共図書館についての質問が2つあり，About your question の後で相手の質問に答えている。sounds のような動詞や computers など

　by nature 生まれつき　　lose sight of ～ ～を見失う　　as you know 知っての通り

の名詞の形が適切であること，any information they needのような後置修飾の構造など，文法的に問題がないかについても確認しよう。最後に総語数を確認する。解答例は全部で49語で，語数の目安は40〜50語であり，適切であると判断する。

次のページからは練習問題。ここで学んだことを使って問題を解いてみよう！

- あなたは，外国人の知り合い（Sam）から，Eメールで質問を受け取りました。この質問にわかりやすく答える返信メールを，☐に英文で書きなさい。
- あなたが書く返信メールの中で，SamのEメール文中の下線部について，あなたがより理解を深めるために，下線部の特徴を問う具体的な質問を2つしなさい。
- あなたが書く返信メールの中で☐に書く英文の語数の目安は40語～50語です。
- 解答は，右のEメール解答欄に書きなさい。なお，解答欄の外に書かれたものは採点されません。
- 解答がSamのEメールに対応していないと判断された場合は，0点と採点されることがあります。SamのEメールの内容をよく読んでから答えてください。
- ☐の下のBest wishes, の後にあなたの名前を書く必要はありません。

Hi!

Guess what! I got a video game machine for my birthday. I play video games online with my friends in the evenings and on weekends. The games are very enjoyable. When you come to visit me, you can play, too. Video games are fantastic, but it's hard to stop playing them. I sometimes play for a long time, so my mother tells me to stop. Do you think it's good for children to play video games?

Your friend,
Sam

Hi, Sam!

Thank you for your e-mail.

解答欄に記入しなさい。

Best wishes,

Eメール解答欄

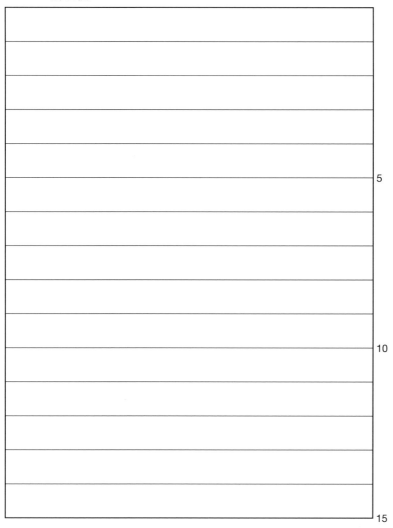

5

10

15

16
日目

筆記
5

NOTES

□ **I can't wait to** *do*
　〜するのを待ちきれない

□ **carry around**　持ち歩く

□ **these days**
　このごろ，最近

□ **help 〜 (to)** *do*　〜が…するの
　を助ける，〜が…するのに役立つ

□ **video game machine**
　（ビデオ）ゲーム機

□ **online**　オンラインで，
　インターネットで

□ **on weekends**　週末に

□ **enjoyable**　楽しい

□ **fantastic**　すばらしい

□ **stop** *doing*
　〜するのをやめる

□ **for a long time**　長い間

□ **tell 〜 to** *do*
　〜に…するように言う

解答例

I can't wait to play games with you. Is your video game machine easy to carry around? And what color is it? About your question, I think it's good for children to play video games. Children have to study very hard these days, so video games help them to relax. （50語）

問題文の訳

こんにちは！

ねえねえ，聞いて！　僕，誕生日にビデオゲーム機をもらったんだ。夜と週末に友達とオンラインでビデオゲームをしているよ。そのゲームはすごく楽しいんだ。君が僕のところに訪ねてきたとき，君もプレイしていいからね。ビデオゲームはすばらしいんだけど，プレイするのをやめるのが難しくてね。長時間プレイすることもあるので，母がやめるように僕に言うんだ。君は子供がビデオゲームをすることはいいことだと思う？

あなたの友達
サム

こんにちは，サム！

Eメールをありがとう。
［解答欄に記入しなさい。］
それでは，

解答例の訳

君とゲームをするのが待ちきれないなあ。君のビデオゲーム機は持ち運びが楽なの？　そして，それは何色？　君の質問については，僕は子供がビデオゲームをするのはいいことだと思うよ。子供はこのごろすごく一生懸命に勉強をしなければならないから，ビデオゲームは彼らがリラックスするのに役立つよね。

解説

　最初にサムからのEメールに対するリアクションを書く。サムからのEメールにWhen you come to visit me, you can play, too.「君が僕のところに訪ねてきたとき，君もプレイしていいからね」とあるので，解答例ではその申し出を受けて，I can't wait to play games with you.「君とゲームをするのが待ちきれない」としている。強い願望を表すI can't wait to *do*「〜するのが待ちきれない」という表現をおさえておこう。
　次に下線が引かれている a video game machine「ビデオゲーム機」の特徴を問う具体的な質問を2つ書く。解答例では，持ち運びの楽さが Is your video game machine easy ...? で，色が what color ...? で尋ねられている。この例のように2つの質問は内容的（機能面と外見）にも構文的（Yes/No で答える疑問文と疑問詞で始まる疑問文）にも異なるようにするとバリエーションが出るだろう。ほかに What kind of games can you play with it?「それでどんなゲームができるのか」や Do you have to connect it with a TV?「あなたはそれをテレビとつながなければならないのか」などと尋ねることもできる。また，質問は必ず下線が引かれた「ビデオゲーム機」に関するものになるように注意しよう。例えば，Are video games popular among your friends?「ビデオゲームは友達の間で人気があるか」などは，ビデオゲーム全般についての質問であって，サムのゲーム機についての質問とは言えない。
　最後にサムの質問への回答を書く。解答例では About your question, I think (that) ....「あなたの質問については，私は…と思う」を用いて表現している。続けて，その理由としてこのごろの子供たちは勉強に追われているので，ビデオゲームでリラックスできると述べている。〈help + O + (to) *do*〉「Oが〜するのに役立つ」という表現にも注意したい。反対の立場ならば，Many children spend too much time playing video games, so they don't study enough.「多くの子供はゲームをするのに時間を使いすぎていて，十分に勉

強しない」などの理由が考えられる。

16
日目

筆記
5

do the laundry 洗濯をする   drop by （〜）（〜に）ひょいと立ち寄る   stay away from 〜 〜に近づかないでいる

英作文問題を攻略！②

今日の目標　限られた語数の中で必要な情報をまとまりよく書くためには，14日目で学習した「接続表現」などをうまく利用することが必要。今日は，7日目で学習した基本事項を踏まえた上で，解答の基本的なフォーム（型）を確認していこう。

ポイント1　基本的なフォームを理解する

　7日目で見たように，準2級の英作文問題には従うべき基本的なフォームがある。解答となる英文は「意見」，「理由」，「まとめ」の3部構成であるが，それぞれを導入するための接続表現とそのバリエーションをここで確認していこう。

【基本的なフォーム】

❶I think [don't think] (that) ＿＿＿＿＿＿＿. ❷I have two reasons.
❸First, ＿＿＿＿＿＿＿. ❹＿＿＿＿＿＿＿. ❺Second,
＿＿＿＿＿＿＿. ❻＿＿＿＿＿＿＿. ❼For these reasons, I
think [don't think] (that) ＿＿＿＿＿＿＿.

❶ 意見

　I think [don't think] (that) .... （私は…だと思います［思いません］）

　→ I feel [believe] (that) .... （私は…だと感じます［思います］）

　　In my opinion, ... （私の意見では，…です）

❷ 理由がくることの前置き （これは省略してもよい）

　I have two reasons (for this). （（これに対して）理由は2つあります）

　→ There are two reasons for this. （これには理由が2つあります）

❸・❺ 理由 （❹，❻はそれぞれ前の❸，❺を説明している）

　First(ly), ... Second(ly), ... （第一に…。第二に…）

　→ First of all （まず第一に），Next （次に），Also / Moreover （さらに）

　　The first reason is that .... （1つ目の理由は…です）

　　Another reason is that .... （もう1つの理由は…です）

❼ まとめ （これは省略してもよい）

　For these (two) reasons （これらの（2つの）理由により）

　Therefore （したがって）

　This [That] is why .... （こういう［そういう］わけで…です）

書き終えたら次のチェックリストで自分の解答を確認しよう。チェックすべき事項は以下のとおりである。

□ **内容**　「意見」と「理由2つ」がしっかり述べられているか。

□ **構成**　「意見」→「理由」→「まとめ」の順番になっているか。2つの理由が説得力のある内容できちんと説明できているか。

□ **語彙**　準2級のレベルの単語を使えているか。スペリングの誤りなどはないか。

□ **文法**　正しい文法で文が書けているか。また表現にバリエーションがあるか。

【7日目・17日目のまとめ】

　7日目のポイント解説で使用した例題では,「賛成（Yes)」の解答例を示した（→p.53)。ここでは,7日目と本日の内容のまとめとして,「反対（No)」の立場の解答例を見てみよう。基本的なフォームは全く同じである。理由は2文程度に膨らませて表現することも忘れずに。

QUESTION
Do you think people should exercise more for their health?

解答例 I don't think people should exercise more for their health. There are two reasons for this. First, exercising can be expensive. We may have to pay to go to a gym or a swimming pool. Also, many people are busy with their work. They can't spare time for exercising. That is why I don't think people should exercise more. 　　(59語)

訳　私は,人々は健康のためにもっと運動すべきだとは思いません。これには理由が2つあります。まず,運動するのにお金がかかることがあるからです。ジムやプールに行くにはお金を支払わなければならないかもしれません。また,仕事で忙しい人が多いからです。彼らは運動のために時間を割くことができません。こういうわけで,私は人々がもっと運動すべきだとは思いません。

　それでは別の例題を見てみよう。

例題
- あなたは,外国人の知り合いから以下の**QUESTION**をされました。
- **QUESTION**について,あなたの意見とその理由を2つ英文で書きなさい。
- 語数の目安は50語〜60語です。
- 解答が**QUESTION**に対応していないと判断された場合は,0点と採点されることがあります。**QUESTION**をよく読んでから答えてください。

QUESTION
Do you think students should wear a school uniform at school?

---

get better 体調が良くなる　　throw away 〜　〜を捨てる　　do well うまくいく　　　　　133

解答例 I think students should wear a school uniform. They can feel they belong to the same school. As a result, they will feel closer to each other. Another reason is that they don't have to think about what to wear. Instead, they can concentrate on their studies. Therefore, it will be good for students to wear a school uniform.

(59語)

訳 QUESTION　生徒は学校で制服を着るべきだと思いますか。

私は，生徒は制服を着るべきだと思います。彼らは同じ学校に所属していると感じることができます。その結果，お互いにより親しみを感じることでしょう。もう１つの理由は，何を着るべきか考える必要がありません。その代わりに，自分の勉強に集中できます。したがって，制服を着るのは生徒にとってよいことでしょう。

解説 質問は「生徒は学校で制服を着るべきかどうか」である。まず，構想を練るためにメモを取ろう。解答例では，「賛成（Yes）」の立場をとることとし，その理由を「所属感を持つことができる」と「着る服に迷わなくてすむ」の２つとした。

■意見
　まず，自分の意見を書くことから始める。I think (that)に続けて，QUESTIONの文をそのまま利用すればよいが，at schoolは自明なので省略してある。

■理由
　次にその意見について，その理由を２つ列挙する。最初の理由は，「同じ学校に所属していると感じることができる（They can feel they belong to the same school.）」と書く。次にAs a result「その結果」という接続表現を用いて，そのように感じることの利点として「お互いに親しみを感じる」と書いて論を展開させる。
　２つ目の理由はAnother reason is that ....「もう１つの理由は…である」と導入し，「着る服を考えずにすむ（they don't have to think about what to wear）」と書く。次の文はInstead「その代わりに，そうしないで」という接続表現で始めて，「自分の勉強に集中できる（they can concentrate on their studies）」とつなげる。このように，接続表現をうまく利用していくと，文の流れが明確になり，わかりやすい論理的な英文になる。

■まとめ
　最後に，最初の意見を繰り返して文章全体を締めくくる。解答例ではTherefore「したがって」という接続表現を最初に用いて次にまとめがくることを示している。その後ろには冒頭で述べた「意見」を繰り返して書けばよいが，ここでは表現にバリエーションを持たせるために，QUESTIONの文は利用せず，同じ内容をit is ～ for ... to do「－するのは…にとって～である」の構文を用いて「制服を着ることは生徒にとってよいことだろう」と表現してある。

次のページからは練習問題。ここで学んだことを使って問題を解いてみよう！

　even if ... たとえ…でも　**one of the ～ A** 最も～（形容詞の最上級）なA（複数名詞）のうちの１つ　**where to do** どこへ～すべきか

● あなたは，外国人の知り合いから以下の**QUESTION**をされました。

● **QUESTION**について，あなたの意見とその理由を2つ英文で書きなさい。

● 語数の目安は50語〜60語です。

● 解答は，下の英作文解答欄に書きなさい。なお，解答欄の外に書かれたものは採点されません。

● 解答が**QUESTION**に対応していないと判断された場合は，0点と採点されることがあります。
　QUESTIONをよく読んでから答えてください。

QUESTION

Do you think it is a good idea to use online maps?

英作文解答欄

| |
| |
| |
| |
| |
| 5 |
| |
| |
| |
| |
| 10 |
| |
| |
| |
| |
| 15 |

【解答例】

I think it is a good idea to use online maps. I have two reasons. First, people can use them anytime, anywhere. These days, most people carry around smartphones which have online maps on them. Second, people can check their location. This is especially helpful when they are lost. This is why I recommend using online maps. (57語)

QUESTION
オンラインマップを利用することはいい考えだと思いますか。

【解答例】
私は，オンラインマップを使うことはいい考えだと思います。理由は2つあります。第一に，人々はそれをいつでもどこでも利用できます。最近，ほとんどの人はオンラインマップが中に入っているスマートフォンを持ち歩いています。第二に，人々は自分の居場所を確認できます。これは特に道に迷ったときに役立ちます。こういうわけで私はオンラインマップを使うことを勧めます。

【解説】

質問は「オンラインマップを利用することはいい考えか」である。解答例では，「Yes（賛成）」の立場をとり，理由として「時と場所を選ばずに使える」と「自分の居場所がわかる」の2点を挙げている。

■意見
まず，自分の意見をはっきりと書く。「賛成」であるので，I think (that) の後に，QUESTION の文をそのまま利用して，it is a good idea to use online maps と書けばよい。

■理由
次に理由を述べるのだが，この解答例では，その前置きとして I have two reasons.「理由は2つあります」と書き，読み手にこれから理由を2つ述べることをはっきり示している。
1つ目の理由は First「第一に」で導入している。まず初めに people can use them anytime, anywhere「いつでもどこでも使える」と理由をズバリ書く。その次に，それが有効である根拠として，最近ではスマートフォンを持ち歩く人がほとんどであることを指摘する。解答例では smartphones which have online maps on them「オンラインマップが中に入ったスマートフォン」のように，関係代名詞 which を用いて，スマートフォンを丁寧に説明していることにも注目しよう。
2つ目の理由は Second「第二に」で始める。まず，people can check their location「自分の居場所を確認できる」と理由の要点を短くはっきりと示す。次にそれが役立つ状況として when they are lost「道に迷ったとき」と書く。especially helpful「特に役立つ」などと especially のような意味を強調する語を用いるとより強く主張できる。

■まとめ
解答例では，まとめの文は This is why ....「こういうわけで〜です」を用いて表現している。why の後に it is a good idea to use online maps と質問の文を繰り返してもいいが，解答例では，表現のバリエーションを持たせるために I recommend using online maps「私はオンラインマップを利用することを勧める」とその趣旨を変えずに書き換えてある。

　sound like 〜　〜のようだ　　on foot　徒歩で　　except for 〜　〜を除いては

「反対」の立場ならば

解答例

I do not think that using online maps is a good idea. To begin with, you need devices like a smartphone to use online maps. They are expensive and not everyone can afford them. Also, online maps do not work in some areas. For example, people sometimes cannot use online maps in areas where the signal is too weak.　　　　　　　　　　　　　　　　(59語)

私は，オンラインマップを利用することはいい考えだと思いません。まず初めに，オンラインマップを利用するにはスマートフォンのようなデバイスが必要です。それらは高価で，みんながそれを買う余裕があるわけではありません。さらに，オンラインマップが作動しない場所があります。例えば，電波がとても弱い地域ではオンラインマップが使えないことがあります。

→「反対」の立場で解答する場合，理由として，「高価なデバイスが必要」や「電波が届かないところがある」，「バッテリーが必要」，「操作が難しい」などが考えられる。解答例では，最初の2点を理由として論じている。また，最初の理由はFirstのバリエーションであるTo begin with「まず初めに」で導入され，2つ目の理由の導入にはAlso「さらに」という接続表現が用いられていることにも着目しよう。

□ **to begin with**
　　まず初めに

□ **device**　装置，デバイス

□ **afford**
　　〜を買う余裕がある

□ **signal**　電波

17
日目

筆記
6

take off 〜　(身につけていた物)を脱ぐ　　**get ready for 〜**　〜の準備をする　　**think about** *doing*　〜しようかなと思う　　　137

会話の応答文選択問題を攻略！②

今日の目標

リスニングテストの第1部には主に2つのアプローチがある。今日はそれぞれの
ポイントを確認しよう。13日目で学習したさまざまな口語表現の知識も役立つ
ので事前にさっと復習しておくとよい。

ポイント1 疑問詞に注意する

8日目の例題（→p.59）で見たように，会話の最後が疑問文で終わり，その答えとなる選択肢が読まれる場合には，特に最後に読まれる疑問文の疑問詞に注意しよう。疑問詞は，8日目の例題のように文頭にくる普通の疑問文のほかに間接疑問の形で現れることもある。

●最後の疑問文とその応答の具体例

Where is the bookstore?（その書店はどこにありますか）

→It is on Madison Avenue.（マディソン通りにあります）

Do you know how long it takes?（時間はどのくらいかかりますか）

→It should be only a few minutes.（数分のはずです）

ポイント2 会話の流れをとらえる

会話の最後が疑問文で終わらない場合など，会話の流れをとらえて最後の発言に一番自然につながる応答を選ぶことも重要である。また，「勧誘・提案」「依頼・お願い」「感想・励まし」など，状況により応答が定型化しているものもある。このような場合は，フレーズと応答をセットで覚えておくとすばやく解答できる。定番のフレーズと応答の例を見てみよう。

●「勧誘・提案」のフレーズと応答例

Let's go shopping next Sunday.（今度の日曜日に買い物に行こうよ）

— Sounds great. / Good idea.（いいね）

Will [Would] you come to our party?（パーティーに来ませんか）

— With pleasure. / My pleasure.（喜んで）

●「依頼・お願い」のフレーズと応答例

I would appreciate it if you helped me.（お手伝いいただけるとありがたいのですが）

— No problem.（大丈夫ですよ）

May [Can] I ask you a favor?（ちょっとお願いがあるのですが）

— Sure. What is it?（いいですよ。何ですか）

for free 無料で　　a number of ～ たくさんの～　　ask for ～ ～を求める

● 「感想・励まし」の応答例

Jane passed [failed] the exam!（ジェーンが試験に受かった［落ちた］よ！）

— I'm very happy [sorry] to hear that.（本当によかった［残念だった］ね）

That seems really difficult.（それは本当に難しそうだな）

— Not really, you can enjoy it.（それほどでもないよ，楽しめるよ）

例題

【放送される英文】（選択肢はすべて放送されます） 🔊 036

☆：Hi, Bob. What will you do this weekend?

★：I'll just play some basketball, I guess.

☆：Why don't you come camping with me and Linda instead?

　　1　Just three of us.

　　2　It's too far away.

　　3　Great! I'd love to.

解説　Hi, Bob. と名前で呼びかけるところから始まっているので，友人同士の会話だと考えられる。次に What will you do this weekend?「この週末は何をする予定？」とあるので，話題は週末にすることについてである。これをおさえた上で最後の文 Why don't you come camping 〜?「キャンプに来たらどうですか」という勧誘の文を注意して聞く。女性は男性をキャンプに誘っているので，それに対する男性の適切な応答は Great! と言って行くことに賛同している **3**。Why don't you *do*? は「〜しませんか」という意味で，人に何かをするように誘うときによく用いられる表現。また，I'd love to.「ぜひそうしたい」も勧誘を受けるときの定番表現である。

解答：**3**

訳　☆：こんにちは，ボブ。今週末は何をするつもり？

★：多分，バスケットボールを少しやるだけかな。

☆：その代わりに私やリンダと一緒にキャンプに来たらどう？

　　1　僕たち3人だけだよ。

　　2　それは遠すぎるよ。

　　3　それはいい！　ぜひ行きたいね。

18
日目

リスニング
1

✂ 次のページからは練習問題。ここで学んだことを使って問題を解いてみよう！

対話を聞き，その最後の文に対する応答として最も適切なものを，放送される1，2，3の中から一つ選びなさい。

No. 1〜No. 10
（選択肢はすべて放送されます）

　a variety of 〜　さまざまな〜　　look after 〜　〜の世話をする　　along with 〜　〜と一緒に

🔊 037〜046

No. 1 解答 1

★：How do you feel today, Ms. Jones?
☆：Not so good, Doctor. I have a very sore throat.
★：How long have you felt like this?
  1 Well, about three days.
  2 I have a fever, too.
  3 Hmm, it's very bad.

> ★：ジョーンズさん，今日の調子はいかがですか。
> ☆：あまりよくありません。のどがとても痛いのです。
> ★：このような症状はどのくらい続いていますか。
>   **1** 3日ほどです。
>   **2** 熱もあります。
>   **3** ええと，とてもひどいです。

解説 最初に男性は相手に調子を尋ね，女性は男性をDoctorと呼んでいるので，これは医師と患者の会話だとわかる。女性はのどの痛みを訴えて，それに対して医師はHow long have you felt like this?とその症状がどのくらい続いているか尋ねているので，正解は **1**。

No. 2 解答 1

☆：Honey, are you ready yet?
★：Just a few more minutes. I need to shine my shoes.
☆：Please hurry. Carol is waiting in the car.
  1 Tell her I'll be there soon.
  2 That's great. It's new.
  3 We can wear the same thing.

> ☆：あなた，もう準備はできたかしら？
> ★：もう少し待ってくれよ。靴を磨く必要があるんだ。
> ☆：急いでね。キャロルが車の中で待っているわ。
>   **1** 彼女にすぐ行くと伝えてね。
>   **2** それはいい。新しいよ。
>   **3** 同じものを履いてもいいよ。

解説 夫婦の会話で，外出しようとしている場面である。最後に妻は夫にPlease hurry.「急いでね」と言い，「キャロルが車に乗って待っている」と続けている。これに対して適切な応答は，「すぐ行くと伝えて」と言っている **1**。

NOTES

□ sore
　痛い，炎症を起こして痛い

「のどが痛い」とき，I have a sore throat. と言う。

□ have a fever　熱がある

18
日目

リスニング 1

---

go into 〜　〜の中に入る　　take place 行われる　　give up (〜)　(〜を)あきらめる

No. 3 解答 **1**

☆：Hello, may I help you?

★：Yes, I'd like to buy a tent for camping.

☆：How many people will be using it?

  1 I need one for four people.

  2 I will use it as a tent.

  3 I went with three friends last year.

> ☆：こんにちは，お手伝いいたしましょうか。
> ★：はい，キャンプ用のテントを購入したいと思っています。
> ☆：それは何人でご利用になる予定ですか。
>   **1** 4人用のものが必要です。
>   **2** テントとして使う予定です。
>   **3** 昨年友人3人と行きました。

解説 店員と客の会話で，客はキャンプ用のテントを購入したがっている。最後の疑問文 How many people will be using it?「それは何人で使うことになっているのか」に対して適切な応答は，人数を答えている **1**。

No. 4 解答 **2**

☆：Kogyo Office Furniture. How may I help you?

★：Hi. We ordered three desks, but we haven't gotten them yet.

☆：I'm very sorry about that. Could you tell me when you ordered them?

  1 They were very expensive.

  2 Well, I guess it was last Monday.

  3 I'll take them back.

> ☆：コウギョウオフィス家具でございます。ご用を承ります。
> ★：もしもし。机を3つ注文しましたが，まだ届いていないのです。
> ☆：大変申し訳ありません。いつご注文なさいましたか。
>   **1** それらはとても高価でした。
>   **2** ええと，この前の月曜日です。
>   **3** それらを返品します。

□ take ～ back
  ～を返品する

解説 オフィス家具店への客からの問い合わせの電話である。内容は注文した机が届いていないということ。会話の最後の疑問文に注意する。間接疑問だが，When did you order them?「いつ注文しましたか」と時を尋ねる疑問文の内容になるので，時を答えている **2** が正解。

No. 5 解答 3

☆：Victor! Why are you still awake at 2 a.m.?
★：This book is so good that I can't stop reading it.
☆：Tomorrow is a school day. Go to bed now!
  1 But I don't know what time it starts.
  2 But I don't like this book.
  3 But I just have a few pages left.

> ☆：ビクター！　午前2時なのになぜまだ起きているの？
> ★：この本がすごくよくて，読むのをやめられないんだよ。
> ☆：明日，学校があるのよ。もう寝なさい！
>   **1** でも，それが何時に始まるのかわからないよ。
>   **2** でも，この本は好きではないよ。
>   **3** でも，あと数ページだけなんだ。

解説 母と息子の会話である。母親は息子が午前2時にまだ起きているので注意している。理由を聞くと，本が面白すぎてやめられないという。最後のGo to bed now!「もう寝なさい！」に適切な応答は，「あと少しだけ」と許しを求めている**3**。

No. 6 解答 2

★：Do you want to go to the movie theater tonight, Jill?
☆：Sounds good. What movie do you want to see?
★：I want to see *Stars of the Sky* at 8 p.m. tonight.
  1 We can't see the stars because of the rain.
  2 Oh, I've already seen that movie.
  3 OK, I'll start downloading it now.

> ★：ジル，今夜，映画館に行かない？
> ☆：いいね。あなたは何の映画が見たいの？
> ★：僕は今夜8時の『空の星』を見たいんだ。
>   **1** 雨のせいで星が見えないわ。
>   **2** あら，その映画はもう見たわ。
>   **3** わかった，今からそれをダウンロードするわね。

解説 友人同士の会話。男性は女性を映画に誘い，最後に自分が見たいと思っている映画を*Stars of the Sky*と相手に伝える。適切な応答は，「その映画はもう見た」と言っている**2**。

□ make an appointment
　予約する

No. 7　解答　3

★：Hello, Meadow Clinic. May I help you?
☆：Yes, please. I'd like to make an appointment.
★：Have you been to the clinic before?
　1 No way. Thanks anyway.
　2 Yes, that would be good.
　3 No, it's my first time.

> ★：もしもし，メドウクリニックです。ご用件をお伺いいたします。
> ☆：ええ，お願いします。予約を取りたいのですが。
> ★：以前にクリニックにいらしたことはありますか。
> 　**1** まさか。とにかくありがとう。
> 　**2** ええ，それで結構です。
> 　**3** いいえ，初めてです。

解説 クリニックへの患者からの電話である。患者は予約を取ろうとしている。最後の質問 Have you been to the clinic before?「以前にクリニックへ来たことはありますか」に対する適切な応答は，「初めて」と答えている **3**。

No. 8　解答　1

★：Rachel, have you done your homework yet?
☆：Not yet, Dad. But I really want to play this game.
★：No. You must do your homework first.
　1 OK, I'll do it now.
　2 OK, I'll go help Mom now.
　3 OK, you can play with me.

go help は go to help
の to が省略された形。

> ★：レイチェル，もう宿題は終わったかい？
> ☆：まだよ，お父さん。でも，私，このゲームをすごくやりたいの。
> ★：だめ。まず宿題をやらなければね。
> 　**1** わかったわ，今やります。
> 　**2** わかったわ，今お母さんのお手伝いに行くわ。
> 　**3** わかったわ，私と一緒に遊んでいいわよ。

解説 父と娘の会話。宿題をやり終えたかと聞く父に娘は Not yet「まだよ」と答え，でもゲームがしたいと続けて言っている。最後の You must do your homework first.「まず宿題をやらなければね」に適切な応答は，「今やる」と答えている **1**。

No. 9 解答 **2**

★：Did you enjoy your meal, ma'am?
☆：Yes, it was delicious. I'm completely full now.
★：Would you like to see the dessert menu?
　1 Yes, please. I'll pay by card.
　2 No, thanks. Just the check, please.
　3 Hmm, the apple pie was delicious.

　★：お客さま，お食事はお楽しみいただけましたでしょうか。
　☆：ええ，とてもおいしかったわ。もう完全に満腹よ。
　★：デザートメニューをご覧になりますか。
　　1 ええ，お願いします。カードで支払います。
　　2 いいえ，結構よ。会計をお願いします。
　　3 うーん，アップルパイがおいしかったわ。

解説 冒頭で男性は食事の感想を尋ね，相手をma'amと呼んでいるので，ウエイターと女性客の会話である。最後の疑問文Would you like to see the dessert menu?「デザートメニューをご覧になりますか」に対して適切な応答は，（満腹なので）デザートメニューはいらないと言い，会計を求めている**2**。

No. 10 解答 **2**

★：Excuse me, this is a no parking area.
☆：Really? Are there any parking spaces near here?
★：Yes, there's one down the road.
　1 Thank you. Here is fine.
　2 Thank you. I'll try there.
　3 Thank you. It's a new car.

　★：失礼ですが，ここは駐車エリアではありません。
　☆：そうなんですか？　この近くに駐車場はありますか。
　★：はい，この道の先にありますよ。
　　1 ありがとうございます。ここで大丈夫です。
　　2 ありがとうございます。そちらに行ってみます。
　　3 ありがとうございます。新車なんです。

解説 見知らぬ者同士の会話である。男性は「ここは駐車エリアではない」と注意している。女性が近くの駐車場を尋ねると，there's one down the road「この道の先にある」と答えている。これに続く適切な応答は，そこへ行ってみると言っている**2**。

会話の内容一致選択問題を攻略！②

今日の
目標

今日の学習では，リスニング第2部の会話の後に読まれる質問と，問題冊子に印刷されている選択肢について考えていこう。質問には一定のパターンがあり，選択肢は問題に入る前に確認することができる。これらの知識は第3部の問題を解くときにも役立つ。

ポイント1　質問には形式パターンがある

会話の後に提示されるQuestionには大きく，次の5つのパターンがある。

① **What（事実）問題**

→過去にしたこと，今したいこと，人に言われたことなどを問う質問である。具体的には次のようなものがある。

> ・Aは（ある時）に［（ある場所）で］何をしたか。
> ・Aは今，何をしたがっているか。
> ・AはBに何をするように言って［頼んで／提案して］いるか。

② **Why／How問題**

→「なぜ〜か(Why)」と理由や「どのようにして〜か(How)」と方法を尋ねる質問である。選択肢がBy *doing.* の形になっていたら，Howの質問であると予測できる。

> ・Aはなぜ〜したか。
> ・Aはどのようにして〜した［する（だろう）］か。

③ **Doing／Problem問題**

→会話全体からその会話の状況や場所を尋ねたり，What is *A's* problem? の形で発生している問題を問う質問である。

> ・Aは今，何をしているか。
> ・Aの問題は何か。

④　**What（予定）問題**

→今後の予定や会話の流れから予想される行動が問われる質問である。会話の中で「行動」を実行するかどうかがはっきりと述べられていない場合にはprobably「おそらく」という語が付く。

> ・Aは（ある時）に何をする予定か。
> ・Aは次に（おそらく）何をするか。

⑤　**One thing問題**

→What is one thing we learn about ～?のような形で，さまざまな情報の中からその一部を尋ねる質問である。具体的には次のようなものがある。

> ・～についてわかることの1つは何か。
> ・～が言っていること［言ったこと］の1つは何か。

ポイント2　選択肢から放送の内容と質問を予測

第2部では選択肢が問題冊子に印刷されているので，放送が始まる前に選択肢をさっと見て，放送の内容と質問を予測することができる。質問が予想できれば，聞くべきポイントに焦点を絞って会話を聞くことができる。2つの問題例で予測の仕方を見てみよう。

	例1	例2
印刷されている選択肢	**1** She practices the piano. **2** She reads jazz magazines. **3** She writes songs. **4** She teaches music.	**1** By bus. **2** On foot. **3** By taxi. **4** By subway.
	この選択肢からどんな予測ができるか考えてみよう！	
予測に向けての考え方	（Sheを主語とした現在時制の文である。the piano, jazz, songs, musicがあることから音楽関係の話題だろう。「彼女が音楽関係のどんなことを普段しているのか」というような質問か?）	（4つの選択肢はいずれも交通手段を表すものである。したがって，どこかに行こうとしている場面で，「どのような交通手段で行くのか」というような質問か?）
実際の会話の内容	将来ジャズプレーヤーになる夢を持つ女の子が今はピアノを毎日練習している。	レストランへ行くバスに乗り遅れた夫婦が，地下鉄，タクシーと思案した結果，結局歩いて行くことにした。
実際の質問	What does the girl do every day?	How will the couple go to the restaurant?

次のページからは練習問題。ここで学んだことを使って問題を解いてみよう！

対話を聞き，その質問に対して最も適切なものを1，2，3，4の中から一つ選びなさい。

☐☐ **No. 1**　**1** Clean his room.
　　　　　　2 Change his room.
　　　　　　3 Give him a call.
　　　　　　4 Repair his room.

☐☐ **No. 2**　**1** He is taking off his shirt.
　　　　　　2 He is standing outside.
　　　　　　3 He is getting dressed.
　　　　　　4 He is waiting for Lisa.

☐☐ **No. 3**　**1** Take his son to the zoo.
　　　　　　2 Wait for the cheaper tickets.
　　　　　　3 Buy some souvenirs.
　　　　　　4 Have lunch with his son.

☐☐ **No. 4**　**1** They seem to be improving.
　　　　　　2 He prefers their old music.
　　　　　　3 Their new style is much better.
　　　　　　4 He thinks they are amazing.

☐☐ **No. 5**　**1** Play the guitar.
　　　　　　2 Study with Mary.
　　　　　　3 Have a party for his sister.
　　　　　　4 Leave for Italy.

graduate from 〜　〜を卒業する　　be popular with [among] 〜　〜に人気がある　　in the end　最後には

□□ **No. 6** **1** Her friend is visiting.

2 Her father bought pizza.

3 Her dinner is ready.

4 Her mother is sick.

□□ **No. 7** **1** He forgot to reserve a campsite.

2 He does not like camping.

3 He did not enjoy the camping trip.

4 He is too sick to go camping.

□□ **No. 8** **1** Move to Kyoto soon.

2 E-mail his economics professor.

3 Study in Boston.

4 Apply to colleges.

□□ **No. 9** **1** An electric bicycle with large tires.

2 An electric bicycle with a large battery.

3 A basket to put on his electric bicycle.

4 A red helmet for riding an electric bicycle.

□□ **No. 10** **1** At an airport.

2 At a university.

3 At a train station.

4 In a bus.

NOTES

□ reservation　予約

🔊 047〜056

No. 1 解答 **2**

★：Excuse me. I have a reservation for tonight. My name is William Wilder.

☆：Good evening, Mr. Wilder. Your room number is 941.

★：Do you have a room closer to the first floor?

☆：Let's see .... Yes, you can have 241.

★：Great. Thank you.

Question: What does the man ask the hotel clerk to do?

> ★：すみません。今夜予約をしてあります。名前はウィリアム・ワイルダーと申します。
> ☆：こんばんは，ワイルダーさま。お部屋は941号室です。
> ★：もっと1階に近い部屋はありますか。
> ☆：そうですね…。はい，241号室がございます。
> ★：よかった。ありがとう。
> 質問：男性はホテルのホテル従業員に何をするように頼んでいますか。
> 　1 彼の部屋を掃除する。
> 　2 彼の部屋を変更する。
> 　3 彼に電話をする。
> 　4 彼の部屋を修理する。

解説 選択肢に動詞が並んでいるので，行動が尋ねられると予測できる。ホテルの従業員と客のチェックイン時の会話である。2回目のやりとりで客がDo you have a room closer to the first floor?「もっと1階に近い部屋はないか」と尋ねている。質問は客がホテルの従業員に頼んでいることなので，正解は**2**。

No. 2 解答 **3**

☆：Mike, be quick. We'll be late for the concert.

★：I'm almost ready. I'm just putting on my shirt.

☆：OK. Lisa's here, too. We'll wait for you outside.

★：All right. I'll be there in a minute.

Question: What is the boy doing now?

> ☆：マイク，急いで。コンサートに遅れちゃうよ。
> ★：もうすぐ支度ができるよ。今，シャツを着ているところさ。
> ☆：わかったわ。リサもここにいるの。外で待っているわね。
> ★：了解。すぐに行くから。
> 質問：男の子は今，何をしているところですか。
> 　1 シャツを脱いでいる。
> 　2 外で立っている。
> 　3 服を着ている。
> 　4 リサを待っている。

解説 選択肢から，男の子が現在している行動が質問されると予測する。冒頭のMike, be quick. We'll be late for the concert.から友人とコンサートに出かけようとしている場面であるとわかる。マイクの最初の発言I'm just putting on my shirt.「シャツを着ているところだ」から，正解は**3**。

No. 3 解答 **2**

★：Excuse me. I'd like two tickets for the dinosaur exhibition, please.

☆：Of course, sir. Is that two adult tickets?

★：One adult and one child, please. My son is seven years old. It would be great if I could get a discount.

☆：If you wait another 10 minutes, you can get in for half price. We have a special offer today after 12:00.

Question: What will the man probably do next?

解説 選択肢に動作が並んでいるので「やること」に注意して聞く。恐竜展での来場者とチケット売り場のスタッフの会話である。2回目のやりとりで，男性は割引があったらいいと言い，スタッフから10分後の12時過ぎには半額で入場できると言われたので，男性はおそらくチケットが安くなるのを待つと予想できる。よって，正解は**2**。このように，実行したことがはっきり述べられていない場合には質問にprobably「おそらく」などの語が付けられていることが多い。

No. 4 解答 **2**

☆：Wow, the band was amazing tonight!

★：Really? I like their old music, but their new music isn't that great.

☆：What? I think they're getting better and better.

★：They don't seem to have any new ideas. It all sounds the same now.

Question: What does the man say about the band?

解説 冒頭のthe band was amazing tonightからバンドコンサートを聞き終えた2人の会話だと判断する。女性は「すばらしかった」と言っているが，男性は「昔の音楽は好きだけど，新しいのはそんなによくない」と言っているので，正解は**2**。男性の2回目の発言に出てくる「新しいアイデアが全くない」「全部同じに聞こえる」からも，男性がそのバンドに今は否定的感想を持っていることがわかる。

No. 5 解答 1

☆：Do you have some free time next Sunday, Jack?

★：Yes. Why do you ask?

☆：My sister Mary is leaving for Italy to study art. So we're going to have a party for her.

★：Good idea! I can play the guitar for her at the party.

Question: What will the boy probably do next Sunday?

☆：ジャック，今度の日曜日に空いている時間はあるかしら？

★：うん。なぜ聞くの？

☆：姉［妹］のメアリーが美術を勉強するためにイタリアに出発するのよ。それで，彼女のためにパーティーを開く予定なの。

★：それはいいね！　パーティーでお姉［妹］さんのために僕がギターを弾いてもいいよ。

質問：次の日曜日，男の子はおそらく何をするつもりでしょうか。

　1 ギターを弾く。

　2 メアリーと勉強をする。

　3 彼の姉［妹］のためにパーティーを開く。

　4 イタリアに出発する。

解説 選択肢はすべて動詞で始まっているので，行動についての質問だと予測する。選択肢には女性とその姉［妹］のメアリー，ジャックの行動があげられているが，質問は男の子（＝ジャック）に関するものであることに注意しよう。ジャックの2回目の発言I can play the guitar「ギターを弾いてもいい」から，正解は**1**。

No. 6 解答 3

☆：Hi, Dad. I'm at a friend's house. Can I eat dinner with her family? They're having pizza.

★：Actually, Mom has already made chicken for dinner, Sandy.

☆：Oh. I guess I'd better come home, then.

★：Yes. You can have dinner at your friend's house some other time.

Question: Why does the girl have to go home?

> I'd better ~ はI had better ~ ということで「私は～した方がいい」という意味。

□ some other time
　別のときに，また今度

☆：もしもし，お父さん。友達の家にいるの。彼女のご家族と一緒に夕食を食べてもいいかしら？　ピザを食べるのよ。

★：実は，お母さんがもう夕食にチキンを作ってくれているんだよ，サンディ。

☆：あら。それなら帰った方がよさそうね。

★：そうだね。また別のときにお友達の家で夕食を食べるといいよ。

質問：女の子はなぜ家に帰らなければならないのですか。

　1 友達が訪ねてくる予定だから。

　2 父親がピザを買ったから。

　3 夕食が用意されているから。

　4 母親が病気だから。

解説 娘から父親への電話での会話。冒頭の娘の発言から，夕食を友人の家で食べてもよいか尋ねることが用件だとわかる。それに対して父親はMom has already made chicken for dinner「お母さんがもう夕食にチキンを作ってくれている」と答えていることから，正解は**3**。

No. 7 解答 4

★：Hello, Betty?

☆：Hi, Adam. What's up?

★：Can I cancel our camping trip? I ate too much yesterday, and I'm feeling very sick.

☆：Oh, are you all right? You should've been more careful!

Question: What is the man's problem?

〈should have [should've] ＋過去分詞〉は「～すべきだったのに（しなかった）」という非難や後悔を表す表現。

> ★：もしもし，ベティ？
> ☆：アダム，こんにちは。どうしたの？
> ★：キャンプ旅行をキャンセルしてもいいかな？　昨日食べすぎて，すごく気持ちが悪いんだ。
> ☆：まあ，大丈夫なの？　もっと気を付けるべきだったわね！
> 質問：男性の問題は何ですか。
> 　**1** キャンプ場を予約するのを忘れた。
> 　**2** キャンプが好きではない。
> 　**3** キャンプ旅行が楽しくなかった。
> 　**4** 具合が悪すぎてキャンプに行けない。

解説 電話での友人同士の会話。男性の用件はキャンプ旅行をキャンセルしたいということ。その理由として I ate too much yesterday, and I'm feeling very sick. 「昨日食べ過ぎてすごく気分が悪い」と述べている。質問は What is ～'s problem? タイプで，男性の問題を尋ねているので，正解は **4**。too ～ to *do* は「あまりにも～で…できない」。

No. 8 解答 3

★：I got an e-mail from Ken last night.

☆：Oh, did you? What did he say?

★：He said he's going to study economics at a college in Boston for two years, so he is leaving Kyoto next week.

☆：I hope everything will go well with him.

Question: What does the man say Ken is going to do?

> ★：昨夜，ケンからEメールをもらったよ。
> ☆：あら，そうなの？　彼は何て言っていた？
> ★：2年間ボストンの大学で経済学を研究する予定で，来週，京都を出発すると言っていたよ。
> ☆：すべてうまくいくといいわね。
> 質問：ケンは何をするつもりだと男性は言っていますか。
> 　**1** もうすぐ京都に引っ越す。
> 　**2** 経済学の教授にEメールを送る。
> 　**3** ボストンで勉強する。
> 　**4** 大学に出願する。

解説 選択肢がいずれも動詞で始まることから，人物の行動が質問されると予測する。友人同士の会話で話題はケンからのEメール。2回目のやりとりで彼について He said he's going to study economics at a college in Boston for two years 「彼は2年間ボストンの大学で経済学を研究する予定だと言っていた」と述べている。質問はケンのこれからの予定が問われているので，正解は **3**。

come down 降りてくる　　go over ～ ～を見直す　　run after ～ ～を追いかける

□ electric　電気の，電動の

□ battery　電池，バッテリー

No. 9 解答 **2**

★：Excuse me. Do you sell electric bicycles?

☆：Yes, sir. We have them in many different colors and sizes.

★：That's great. I need one that has a large battery, and I'd like it in red.

☆：No problem. I think there is one you would like at the front of the store.

Question: What is one thing that the man needs?

> ★：すみません。電動自転車は売っていますか。
> ☆：はい，ありますよ。多くのさまざまな色と大きさのものがございます。
> ★：よかった。私は大きなバッテリーがついているのが必要で，赤いのがいいです。
> ☆：承知いたしました。店の前にお客さまが気に入るものがあると思います。
> 質問：男性が必要としているものの1つは何ですか。
> 　1　大きなタイヤの付いた電動自転車。
> 　2　大きなバッテリーのついた電動自転車。
> 　3　電動自転車に付けるかご。
> 　4　電動自転車に乗るための赤いヘルメット。

解説 選択肢すべてにbicycleがあるので，自転車の話題だと予測する。自転車店での客と店員の会話である。男性はelectric bicycles「電動自転車」を探していて，2回目のやりとりでI need one that has a large battery「大きなバッテリーの付いたのが必要だ」と言っているので，正解は**2**。

No. 10 解答 **3**

★：You need to hurry. Platform 5 is very far from the ticket gate. Have you got your ticket?

☆：Yes, it's here. I have a window seat in car 7.

★：Good. Have a safe journey. Call me when you get back to your university.

☆：Bye, Dad! I'll call you later!

Question: Where is this conversation probably taking place?

> Have a safe journey. は旅に出る人に向けて「安全な旅を！」。

> ★：急がなきゃ。5番線は改札口からとても遠いからね。切符は持った？
> ☆：ええ，ここにあるわ。7号車の窓側の席よ。
> ★：よし。安全な旅を。大学に戻ったら電話してね。
> ☆：さようなら，お父さん！　後で電話するわね！
> 質問：この会話はおそらくどこでなされていますか。
> 　1　空港で。
> 　2　大学で。
> 　3　駅で。
> 　4　バス内で。

解説 選択肢はすべて場所を表しているので，会話の場所が問われると予測する。父と娘の会話で，娘は帰省先から大学へ戻るところである。Platform 5「5番線」，the ticket gate「改札口」，a window seat in car 7「7号車の窓側の席」などから，娘は列車に乗るところだとわかるので，正解は**3**。

20 日目

文の内容一致選択問題を攻略！②

今日の目標 第3部の英文は一度しか読まれないが、解答のカギは1つとは限らない。今日は、正解の根拠となる箇所を聞き逃しても、その周辺の情報をヒントに正解を推測することができる問題について検討してみよう。

ポイント1　後に出てくる具体例に注意する

「社会・文化・科学的トピック」のような抽象度がやや高い内容の英文の場合、後にその言い換えや具体例が続くことが多い。核心となる部分を聞き逃したり理解できなかったりしても、その後の部分の聞き取りから正解を狙えることがある。

例題

【放送される英文】 🔊 057

Cinnamon is a spice often used in baking. But people like cinnamon for more reasons than just its good taste. It is known to keep people healthy by fighting off bacteria. It also makes the blood flow better in the body. Even the smell of cinnamon helps people focus better, which could be useful to students taking tests.

Question: What is one thing we learn about cinnamon?

【問題冊子に印刷された英文】

1 People often buy it at bakeries.
2 It only tastes good in baked foods.
3 Only the smell can help people.
4 It keeps people from getting sick easily.

解説 香辛料シナモンについての話である。シナモンが好まれるのは味だけが理由なのではないとあった後で、It is known to keep people healthy「人々を健康に保つことが知られている」とあるので、正解は**4**。しかし、ここを聞き逃しても、その後に出てくる fighting off bacteria「細菌を寄せつけない」，makes the blood flow better「血液の流れをよくする」，helps people focus better「人々がより集中するのを助ける」のようなシナモンの具体的な効果を説明した部分からも、それが人々の健康に役立つものであることがわかる。

解答：4

訳 シナモンはパンを焼くときによく使われる香辛料である。しかし、人々は単にその味がよいということ以上の理由でシナモンを好む。シナモンは、細菌を寄せつけないことで人々を健康に保つと知られている。それはまた、体内の血液の流れをよくする。シナモンのにおいまでもが人々がより集中することの助けとなり、そのことはテストを受ける学生にとって役立つことだろう。
質問：シナモンについてわかることの1つは何ですか。

- **1** 人々はパン屋でそれをよく買う。
- **2** 焼き上げられた食べ物の中でだけおいしい味がする。
- **3** においだけが人々の役に立つ。
- **4** 人々が簡単に病気にかからないようにする。

ポイント2 解答の決め手を聞き逃しても大丈夫

英文は情報を整理しながら1つ1つ聞き取っていくのが理想だが，解答の決め手となる部分を聞き逃した場合でも，ほかの部分の内容を総合して正解を狙えることもある。

例題

【放送される英文】 058

The Minneapolis Medical Conference welcomes all of you today. We certainly hope you enjoy this year's conference! Please remember to wear your nametags. If you don't have one yet, pick it up at the front desk. The nametags help our staff serve you better. Also, they're helpful for other members who want to meet you. Thank you.

Question: What are the listeners asked to do?

【問題冊子に印刷された英文】

- **1** Help the staff at the front desk.
- **2** Get a medical checkup.
- **3** Wear a nametag.
- **4** Assist other members.

解説 学会でのアナウンスである。その用件をつかむことを意識して聞いていくと，Please remember to wear your nametags.「名札を付けるのを忘れないようにしてください」とあるので，正解は**3**。しかし，ここを聞き逃しても，その後に「持っていなかったら受付で受け取れる」とあったり，「スタッフのよりよいサービスに役立つ」「あなたに会いたいと思っているほかの会員にも役に立つ」と名札の利点が述べられたりしていることから，聞き手が求められていることが推測できる。

解答：3

訳 ミネアポリス医学学会は本日お越しの皆さま全員を歓迎いたします。今年の学会をお楽しみいただけること，心より願っております！ 名札は忘れずにお付けください。名札をまだお持ちでない方は受付にてお受け取りください。名札は私どものスタッフが皆さまによりよいサービスを提供する助けとなります。また，皆さまにお会いしたいと思っているほかの会員の方々にとっても便利です。よろしくお願いします。
質問：聞き手は何をするように求められていますか。
- **1** 受付のスタッフを手伝う。
- **2** 健康診断を受ける。
- **3** 名札を身につける。
- **4** ほかの会員を助ける。

 次のページからは練習問題。ここで学んだことを使って問題を解いてみよう！

英文を聞き，その質問に対して最も適切なものを1，2，3，4の中から一つ選びなさい。

☐☐ **No. 1**　**1** Attend a high school.
　　　　　 2 See some tourist spots.
　　　　　 3 Join judo classes.
　　　　　 4 Do some business.

☐☐ **No. 2**　**1** Wear formal clothing.
　　　　　 2 Make special food.
　　　　　 3 Dance outside.
　　　　　 4 Travel around the world.

☐☐ **No. 3**　**1** Passengers will get off from the back of the plane.
　　　　　 2 Drinks will be served to passengers.
　　　　　 3 The seat belt sign will be turned off.
　　　　　 4 Flight attendants will give out blankets.

☐☐ **No. 4**　**1** She offered it to a hospital.
　　　　　 2 She added it to her collection.
　　　　　 3 She sold it at a clothing store.
　　　　　 4 She gave it to her grandmother.

☐☐ **No. 5**　**1** He cannot concentrate for his exam.
　　　　　 2 He is not interested in chemistry.
　　　　　 3 He missed soccer practice last week.
　　　　　 4 He forgot his university timetable.

□□ **No. 6** **1** She traded stamps with friends from many countries.

2 She got them from a teacher in high school.

3 She bought them in a foreign country.

4 She got many stamps from her grandfather.

□□ **No. 7** **1** Using the cash registers.

2 Filling the shelves with items.

3 Talking to the customers.

4 Remembering food locations.

□□ **No. 8** **1** The winner of a new pair of shoes.

2 Next month's great sales.

3 Discount on footwear.

4 The closing of a shoe store.

□□ **No. 9** **1** Some of them are three meters long.

2 They live all over Africa.

3 Their babies are bigger than most frogs.

4 Their weight can be over three kilograms.

□□ **No. 10 1** He went to a musical instrument store.

2 He took guitar lessons from Leslie.

3 He played his favorite song on the guitar.

4 He sang together with Leslie.

tell *A* how to *do* Aに～する方法を教える   see if ... …かどうか確かめる   for instance 例えば

🔊)) 059〜068

No. 1　解答　3

Carol has been practicing judo since she entered high school. Now she's taking judo lessons twice a week. There are only three girls in the class, but they all like judo. Carol is planning to visit Japan next month. She is looking forward to attending judo classes in Tokyo.

Question: What does Carol hope to do in Japan?

> キャロルは高校に入学したときからずっと柔道をしている。今は，週に2回柔道のけいこを受けている。教室には3人しか女の子がいないが，彼女たちはみんな柔道が好きである。キャロルは来月日本を訪れる予定である。彼女は東京の柔道教室に通うのを楽しみにしている。
> 質問：キャロルは日本で何をしたいと思っていますか。
> 1　高校に通う。
> 2　いくつかの観光地を見る。
> 3　柔道教室に参加する。
> 4　仕事をする。

解説 キャロルの柔道が話題。後半に日本に行く話が出てきて，その後にShe is looking forward to attending judo classes in Tokyo.「東京の柔道教室に通うのを楽しみにしている」と述べているので，正解は**3**。前半でキャロルが柔道が好きであることがつかめていれば，解答を推測することも可能。

No. 2　解答　3

□ **stranger**　見知らぬ人

□ **stylish**　しゃれた，流行の

New Orleans has a large festival called Mardi Gras. During Mardi Gras, people wear masks, dance on the streets, and even hug strangers. There are many parades during that time, with performers wearing traditional and stylish costumes. There are other Mardi Gras festivals around the world, but the one in New Orleans is the most famous.

Question: What is one thing that people do during the Mardi Gras festival?

> ニューオーリンズにはマルディグラと呼ばれる大きな祭りがある。マルディグラの間，人々はお面をかぶり，通りで踊り，見知らぬ人に抱きつくこともある。期間中，多くのパレードがあり，伝統的でおしゃれな衣装を着た演者たちがいる。世界中にほかのマルディグラもあるが，ニューオーリンズのものが最も有名である。
> 質問：マルディグラの期間中に人々がすることの1つは何ですか。
> 1　フォーマルな服を着る。
> 2　特別な料理を作る。
> 3　外で踊る。
> 4　世界中を旅する。

解説 冒頭から，マルディグラというニューオーリンズの祭りについての説明であることをつかむ。次にpeople wear masks, dance on the streets, and even hug strangers「人々はお面をかぶり，通りで踊り，見知らぬ人に抱きつくこともある」と，そこで行われることが3つ紹介されている。質問は「One thing問題」で，2つ目の内容から，正解は**3**。

No. 3　解答　2

Ladies and gentlemen, the captain has turned off the seat belt sign, so you may now move around the cabin. However, please keep your seat belt on when you are sitting down. The toilets are located at the back of the plane. If you need a blanket, just tell a flight attendant. In a few minutes, flight attendants will begin our drink service.

Question: What will happen in a few minutes?

☐ flight attendant
客室乗務員

皆さま，機長がシートベルトサインを消しましたので，もう機内を移動していただけます。しかし，ご着席の際はシートベルトをお締めください。トイレは機内後方にございます。毛布が必要でしたら，客室乗務員にお知らせください。あと数分で，客室乗務員がお飲み物のサービスを開始いたします。

質問：数分後に何が起きますか。

　　1 乗客は機内後方から降りる。
　　2 乗客に飲み物が出される。
　　3 シートベルトサインが消される。
　　4 客室乗務員が毛布を配布する。

解説　冒頭のLadies and gentlemenという呼びかけからアナウンスであると判断する。飛行機内での案内放送である。最後の部分のIn a few minutes, flight attendants will begin our drink service.「数分後に，客室乗務員が飲み物のサービスを始める」から，正解は**2**。

No. 4　解答　4

Cathy likes to make things out of old clothes. Last Sunday, she made a koala and wanted to give it to her grandmother who was in the hospital. The next day, Cathy visited her in the hospital and gave it to her. Her grandmother liked it very much. Cathy was very happy.

Question: What did Cathy do with the handmade koala?

☐ make *A* out of *B*
B から *A* を作る

キャシーは古着からものを作るのが好きである。この前の日曜日，彼女はコアラを作り，それを入院中の祖母にあげたいと思った。翌日キャシーは病院の祖母を訪ね，それを彼女にあげた。祖母はそれをとても気に入ってくれた。キャシーはとてもうれしかった。

質問：キャシーは手作りのコアラをどうしましたか。

　　1 彼女はそれを病院に提供した。
　　2 彼女はそれを自分のコレクションに加えた。
　　3 彼女はそれを服屋で売った。
　　4 彼女はそれを祖母にあげた。

解説　古着からものを作ることが好きなキャシーの話。中盤のThe next day, Cathy visited her in the hospital and gave it to her.「翌日キャシーは病院の祖母を訪ね，それを彼女にあげた」から，正解は**4**。前半のwanted to give it to her grandmother「それを祖母にあげたいと思った」からも解答を予測できる。

20
日目

リスニング
3

---

by mistake　間違って　　take [have] a break　休憩する　　as ～ as possible　できるだけ～

□ concentrate　集中する

□ focus on 〜
　〜に集中する

No. 5 解答 1

Tom needs to study for his chemistry exam next week. He likes chemistry and wants to study it in university, but recently he has been finding it hard to concentrate. His friends often ask him to play soccer with them, and last week he joined their games. But now he feels he needs to stop playing and focus on his studies.

Question: What is Tom's problem?

> トムは，来週の化学の試験に向けて勉強する必要がある。彼は化学が好きで，それを大学で勉強したいと思っているが，最近集中するのが難しくなってきている。友人たちが一緒にサッカーをやろうと誘ってくることが多く，先週，彼らの試合に出てしまった。しかし，今彼はサッカーをするのはやめて勉強に集中する必要があると感じている。
> 質問：トムの問題は何ですか。
> 　**1** 試験に向けて集中できない。
> 　**2** 化学に興味がない。
> 　**3** 先週のサッカーの練習に出なかった。
> 　**4** 自分の大学の時間割を忘れてしまった。

解説 トムの化学の試験勉強の話。最初に Tom needs to study for his chemistry exam next week.「来週の化学の試験に向けて勉強する必要がある」，その後で recently he has been finding it hard to concentrate.「最近，集中するのが難しくなってきている」と述べているので，正解は **1**。最後の he needs to ... focus on his studies「勉強に集中する必要がある」も解答の手がかりになる。

□ used to do　以前〜した

No. 6 解答 4

Rosemary has been collecting stamps for ten years. Actually, her grandfather used to collect stamps, and he gave his collection to Rosemary. She was only seven then and wasn't very interested in stamps. When she entered high school, however, she became interested and started collecting stamps from many countries.

Question: How did Rosemary get her first stamps?

> ローズマリーは10年間切手を収集している。実は，彼女の祖父が以前切手を集めていて，彼のコレクションをローズマリーにあげたのだった。彼女は当時まだ7歳で，切手にはあまり興味がなかった。しかし，高校に入ると興味を持つようになり，いろいろな国の切手を集め始めた。
> 質問：ローズマリーはどのようにして最初の切手を手に入れましたか。
> 　**1** たくさんの国の友達と切手を交換した。
> 　**2** 高校の授業で先生からもらった。
> 　**3** 外国で買った。
> 　**4** 祖父からたくさんの切手をもらった。

解説 ローズマリーの切手収集の話。質問は，最初に切手を手に入れた方法を尋ねていることを正確に聞き取ろう。前半の he gave his collection to Rosemary「祖父が自分のコレクションをローズマリーにあげた」から，正解は **4**。

No. 7 解答 4

Allison recently started working at a supermarket. At first, she did not know where to find many food items. This made it difficult to help customers when they asked. After filling many shelves with food items, however, she started to remember their locations. Now, Allison is learning to use the cash registers.

Question: What was difficult for Allison at first?

アリソンは最近スーパーで働き始めた。最初は，たくさんの食料品がどこにあるのかがわからなかった。このため，客が質問してきたとき彼らを手助けするのが難しかった。しかし，たくさんの棚に食料品をいっぱい並べてからは，それらの位置を覚えるようになった。今，アリソンはレジの使い方を学んでいる。

質問：最初，アリソンにとって何が難しかったのですか。

1 レジを使うこと。

2 棚に商品をいっぱい並べること。

3 客と話すこと。

4 食料品の位置を覚えること。

解説 アリソンがスーパーで働き始めた話。前半のAt first, she did not know where to find many food items.「最初は，たくさんの食料品がどこにあるのかがわからなかった」から，正解は**4**。その後に出てくる「客が尋ねたとき手助けするのが大変」や「食料品の位置を覚え始めた」からも，最初は商品の位置が覚えられなかったことがわかる。

No. 8 解答 3

Hello, customers! Thanks for shopping at Marny's. Before you leave today, be sure to check out the great sales in our shoe section. Today is the final day, and the sales have never been better! Buy two pairs of shoes, and get a third pair free!

Question: What is the announcement about?

お客さまの皆さま，こんにちは！ マーニーズでのお買い物，ありがとうございます。本日はお帰りになる前に，ぜひ，私どもの靴売り場の大売出しを見に行ってください。本日が最終日で，これ以上の特売はございません！ 2足お買い上げいただくと，3足目が無料になります！

質問：お知らせは何についてですか。

1 新しい靴の当選者。

2 来月の大売出し。

3 履き物の割引。

4 靴店の閉店。

解説 デパートでの案内放送である。アナウンスはまず用件を聞き取ろう。この問題ではそれが質問となっている。前半のbe sure to check out the great sales in our shoe section「ぜひ私どもの靴売り場の大売り出しを見に行ってください」から正解は**3**。そこを聞き逃しても，最後に出てくる「2足買えば3足目は無料」からも靴のセールについてのアナウンスだとわかる。

NOTES

□ at first　最初は（～だが）

□ fill *A* with *B*　AをBで満たす

□ location　位置

□ be sure to *do*　必ず～する

□ check out ～　～を調査する，見に行く

the sales have never been betterは「セールが(今ほど以上に)よくなったことはない」→「今が最高だ」という意味。

20
日目

リスニング
3

NOTES
□ fully-grown
　　完全に成長した
□ weigh　〜の重さがある

No. 9 解答 **4**

The Goliath frog is the largest living frog in the world. Fully-grown Goliath frogs can weigh over three kilograms. They are found in only two countries in Africa. Although adult Goliath frogs are very large, their babies are the same size as those of normal frogs. Some Goliath frogs can jump almost three meters.

Question: What is one thing we learn about Goliath frogs?

> ゴライアスガエルは生息する世界で一番大きなカエルである。完全に成長したゴライアスガエルは重さが3キログラムを超えることもある。それらはアフリカの2つの国でしか見られない。大人のゴライアスガエルはとても大きいけれど，その赤ちゃんは普通のカエルの赤ちゃんと同じ大きさである。ゴライアスガエルの中には3メートル近くの高さまで飛び跳ねるものもある。
> 質問：ゴライアスガエルについてわかることの1つは何ですか。
> 　1　中には3メートルの長さのものもある。
> 　2　アフリカ全域に生息している。
> 　3　その赤ちゃんはほとんどのカエルより大きい。
> 　4　重さが3キログラムを超えることもある。

解説 Goliath という聞き慣れない語が出てくるが，これがあるカエル（frog）の話であるとわかれば十分。前半の Fully-grown Goliath frogs can weigh over three kilograms.「完全に成長したゴライアスガエルは重さが3キロを超えることもある」より，正解は **4**。最初に出てくる「世界で一番大きなカエル」や後半に出てくる「大人のゴライアスガエルはとても大きい」からも推測できる。**1** は，最後の can jump almost three meters から，「3メートル」は跳べる高さなので不適。

No. 10 解答 **2**

Michael likes singing and sings well. However, he was not good at playing any musical instruments. His friend Leslie is a good guitar player, so Michael asked her to give him lessons. After school, Leslie taught him how to play the guitar. Now Michael is happy because he can play the guitar.

Question: What did Michael do after school?

□ musical instrument
　　楽器

> マイケルは歌うのが好きで，歌がうまい。しかし，彼は楽器を演奏することは得意ではなかった。友人のレズリーはギターを弾くのがうまいので，マイケルは彼女にレッスンをしてくれるように頼んだ。放課後，レズリーは彼にギターの弾き方を教えてくれた。今ではマイケルはギターが弾けるようになり，喜んでいる。
> 質問：放課後，マイケルは何をしましたか。
> 　1　楽器店に行った。
> 　2　レズリーからギターのレッスンを受けた。
> 　3　ギターでお気に入りの曲を弾いた。
> 　4　レズリーと一緒に歌った。

解説 音楽が好きなマイケルの話。後半に出てくる After school, Leslie taught him how to play the guitar.「放課後，レズリーは彼にギターの弾き方を教えた」から，正解は **2**。ただし，そこを聞き逃しても，「レズリーはギターがうまい」，「今ではマイケルはギターが弾ける」からも解答を推測できる。

実力完成模擬テスト

1 次の(1)から(15)までの（　　　　）に入れるのに最も適切なものを1，2，3，4の中から一つ選び，その番号を解答用紙の所定欄にマークしなさい。

☐☐ **(1)** *A:* Excuse me. Do students get a discount at this movie theater?
B: Yes, but I'll have to (　　　　) your student ID card first.
1 check　　　　　**2** guide　　　　　**3** order　　　　　**4** decide

☐☐ **(2)** After Alana changed her hair color, many of her friends did not (　　　　) her. Her new hair color made her look completely different.
1 recognize　　　　**2** continue　　　　**3** graduate　　　　**4** locate

☐☐ **(3)** *A:* Wow, Hiroshi! You did really well on the English test!
B: Thanks. Actually, I have an (　　　　) because I lived in Canada for five years when I was a child.
1 office　　　　　**2** appointment　　　　**3** experience　　　　**4** advantage

☐☐ **(4)** Chizuko's friends became excited when she told them that she had been (　　　　) into a famous American university.
1 accepted　　　　**2** imagined　　　　**3** succeeded　　　　**4** expected

☐☐ **(5)** *A:* Hello? Jack, where are you? We're all at the station.
B: Sorry, I'm still in my office. Will you go to the restaurant without me? I'll go there (　　　　) from my office.
1 fluently　　　　**2** nearly　　　　**3** directly　　　　**4** fortunately

☐☐ **(6)** Bryan missed the first soccer practice, but he was able to (　　　　) the other ones.
1 leave　　　　　**2** bring　　　　　**3** attend　　　　　**4** improve

☐☐ **(7)** Mr. Brown says that he doesn't drink (　　　　) coffee at night because he can't get to sleep easily.
1 strong　　　　　**2** thin　　　　　**3** tight　　　　　**4** loud

(8) **A:** Why do I have to wash my hands, Mom?

B: Because if you don't, you might catch a (   ). Then you have to go to see a doctor.

1 nature   **2** disease   **3** surface   **4** technique

(9) Neil wanted to get home from his vacation by 8 o'clock, but there was too much (   ) on the roads. He did not stop driving until 9:30.

1 research   **2** harvest   **3** traffic   **4** voyage

(10) Yumiko decided to study abroad in Canada because she thought she would have a lot of (   ) to use English there.

1 instruments   **2** opinions   **3** attitudes   **4** opportunities

(11) **A:** Thanks for letting me stay at your place tonight, Tom.

B: No problem. Please make yourself at (   ). Take anything you want from the refrigerator.

1 home   **2** time   **3** back   **4** foot

(12) Jane's father told her again and again not to work in a foreign country, but he finally (   ) and allowed her to go abroad.

1 gave up   **2** showed up   **3** passed by   **4** took off

(13) Last night's snowstorm caused many problems. (   ) two roads had to be closed because of the poor road conditions.

1 At least   **2** With care   **3** On time   **4** In advance

(14) It's always important to (   ) a dress before you buy it. Otherwise, you will end up buying one that doesn't look nice on you or fit you well.

1 bring up   **2** ask for   **3** find out   **4** try on

(15) **A:** Hi, Carrie. Do you know when the next French study session will (   )?

B: Yes. It'll be on Thursday at 5 o'clock.

1 show up   **2** take place   **3** look out   **4** come true

2 次の四つの会話文を完成させるために，(16)から(20)に入るものとして最も適切なものを1，2，3，4の中から一つ選び，その番号を解答用紙の所定欄にマークしなさい。

□□ **(16)** *A:* Hello. Bella Italia Restaurant. How may I help you?

B: Hello. I'd like to reserve a table for Friday evening.

A: Certainly. That shouldn't be a problem. (**16**)?

B: We are a large family, so we need twelve chairs.

1 What time will you arrive

2 May I take your name, please

3 How long will you be here

4 How many seats do you require

□□ **(17)** *A:* Excuse me, do you know the way to Church Street Station?

B: Yes, I do. Go down this street and then turn right.

A: I see. (**17**)?

B: It's not too bad. You can probably get there in just a few minutes.

1 Is it next to the bank

2 Is there a bus

3 How much is the train ticket

4 How long will it take

□□ **(18)** *A:* Hi, I'm Yasu. You're new here, right?

B: Yes. I just started working for this company yesterday. I'm Rosa.

A: Nice to meet you, Rosa. Welcome to our company. Why don't we (**18**)?

B: I'd love to. I don't know many good places to eat around here yet.

1 visit our new office

2 go out for lunch sometime

3 talk about what you should do first

4 have a meeting with our boss

A: Are you going to the rock concert this weekend?

B: I sure am. Most students from our class are going, too. Are you?

A: No, because (**19**   ).

B: It's only in Mountain City. We'll be back before it gets dark.

A: I know, but they still don't agree.

B: Mountain City's a really safe area. I'm sure nothing will happen.
(**20**   )?

A: I asked them many times, but they won't change their minds.

B: Well, try one more time. It'll be a lot of fun.

☐☐ **(19)** **1** my parents said it's too far
       2 they're the kids I was talking about
       3 I already picked out the clothes I'll wear
       4 the ticket is too expensive for me

☐☐ **(20)** **1** How long do you think it would take
       2 When do you think we could leave
       3 Why don't you ask them again
       4 Do you have an extra pair of tickets

Marathon Girl

Karen usually runs about four kilometers a day in a park near her home. One evening, she read on a website about a race that was being held in her city. It was a ten-kilometer run, more than twice the distance she usually ran. However, she wanted to (　**21**　) as a runner. Since the race was only two weeks away, she had little time to prepare for the run.

Karen decided to sign up, and she trained each day by running a little farther than usual. She could feel her body getting stronger. After two weeks of training, she felt confident that she could run ten kilometers. On the day of the race, Karen ran faster than she thought she could. She (　**22**　) to finish in 25th place. That was very far from winning, but she was still ahead of 437 other people! Even without a medal, Karen was very happy with her results.

□□ (21) **1** volunteer to help   **2** become a trainer
           3 cheer for others   **4** test her ability

□□ (22) **1** was surprised   **2** felt sick
           3 got ready   **4** became angry

（筆記試験の問題は次のページに続きます。）

4

次の英文[A], [B]の内容に関して，(23)から(29)までの質問に対して最も適切なもの，または文を完成させるのに最も適切なものを1，2，3，4の中から一つ選び，その番号を解答用紙の所定欄にマークしなさい。

[A]

From: Gina Brown <gina979@fartel.com>
To: Terumichi Tanaka <terumichi298@japanonline.com>
Date: April 5
Subject: My trip

Dear Terumichi,

Hi, how are you? Last month, I saw something fantastic. I had the chance to visit the temple of Angkor Wat in Cambodia. I went with a group of students from my university. When we got there, our tour guide explained that the temple is one of the best known in the world, and many tourists visit it each year. You can see pictures of it on the Internet or in books, but it's much more wonderful if you go see it yourself.

Seeing Angkor Wat gave me an idea. Would you like to visit a famous place or building with me next year? We could try the Eiffel Tower, the Pyramids, or the Great Wall of China. Or if you have another place you'd like to see, we could go there instead. I think visiting one of those great places would really be a once-in-a-lifetime experience for students like us.

I know you may be worried about the cost, but there are many airlines that we could use to fly cheaply. We could also stay at youth hostels to save money. Anyway, please e-mail me back to let me know your thoughts about this.

All the best,
Gina

☐☐ **(23)** Last month, Gina

    1 took classes on becoming a tour guide.

    2 invited some tourists to study at her university.

    3 went to a temple in Cambodia.

    4 read a book about Angkor Wat.

☐☐ **(24)** What does Gina ask Terumichi to do?

    1 Learn more about famous places.

    2 Visit a well-known place with her.

    3 Plan next year's classes.

    4 Write about his travel experiences.

☐☐ **(25)** What information does Gina give Terumichi?

    1 There are ways to travel cheaply.

    2 Airlines may require early reservations.

    3 Student discounts may be limited.

    4 Some hostels may be closed.

[B]   The History of DNA

DNA is the material which carries all the information about how animals and plants look and work. In the past, people did not know how certain characteristics passed from one generation to another. Before the discovery of DNA, Gregor Mendel, a European scientist, performed many experiments by growing pea plants with different characteristics such as flower color and seed shape. In 1866, he published a law*, which explained how the seeds of pea plants could produce pea plants with flowers of not only the same color, but also a different color.

Mendel's papers did not attract much attention while he was alive. In 1900, 16 years after his death, three researchers independently performed experiments using different plants and came to the same conclusion as Mendel's work. In 1902, British doctor Archibald Garrod, who was studying a group of families suffering from a rare disease, noticed that his work and Mendel's had something in common. As a result, he became the first person to link Mendel's research to a human disease.

In the next few decades, the role of DNA gradually became more understood. In 1952, female scientist Rosalind Franklin made a huge discovery when she took X-ray photographs of DNA fibers. While she was able to measure the size of DNA successfully using her X-ray data, she only came close to discovering its shape. Unfortunately, she died of cancer at the age of 37.

Around that time, American James Watson and British Francis Crick were working together to discover the structure of DNA. Maurice Wilkins, who was the colleague of Rosalind Franklin, showed them Franklin's X-ray data. Using all the information available, including the X-ray data, the pair discovered the shape of DNA in 1953. For this work, they received the Nobel Prize. Although Watson and Crick were the first to discover the shape of DNA, their work was based on 200 years of scientific research.

*law: 法則

(26) What is one thing Gregor Mendel found out?

    1 Pea plant flowers are always a different color.

    2 Why the shape of pea plant seeds is controlled by DNA.

    3 How pea plant seeds can produce plants with different flower colors.

    4 Seed size is controlled by flower color in pea plants.

(27) Archibald Garrod discovered that

    1 Gregor Mendel's research was not correct.

    2 some plants were necessary for curing a disease.

    3 he had caught a rare disease from his family member.

    4 Gregor Mendel's findings could explain a human disease.

(28) What happened in 1952?

    1 The role of DNA was first researched.

    2 Rosalind Franklin found out the size of DNA.

    3 A new treatment for a cancer was found.

    4 Rosalind Franklin failed to photograph DNA fibers.

(29) What is true about James Watson and Francis Crick?

    1 They found out the shape of DNA using Rosalind Franklin's data.

    2 They shared all the information they got with Maurice Wilkins.

    3 They won the Nobel Prize with Rosalind Franklin.

    4 They discovered the structure of DNA by chance.

5 ライティング（Eメール）

● あなたは，外国人の知り合い（Ethan）から，Eメールで質問を受け取りました。この質問にわかりやすく答える返信メールを，□□□に英文で書きなさい。

● あなたが書く返信メールの中で，EthanのEメール文中の下線部について，あなたがより理解を深めるために，下線部の特徴を問う具体的な質問を2つしなさい。

● あなたが書く返信メールの中で□□□に書く英文の語数の目安は40語〜50語です。

● 解答は，解答用紙のEメール解答欄に書きなさい。なお，解答欄の外に書かれたものは採点されません。

● 解答がEthanのEメールに対応していないと判断された場合は，0点と採点されることがあります。EthanのEメールの内容をよく読んでから答えてください。

● □□□の下のBest wishes, の後にあなたの名前を書く必要はありません。

Hi!

Guess what! I joined the school band at my high school. My school has many club activities, so I didn't know which one to choose. My older sister is in the school band, and she said she really enjoys it. She suggested I join, too. I like the school band, but learning a musical instrument is hard. We have band practice three times a week. Do you think every student should take part in club activities?

Your friend,
Ethan

Hi, Ethan!

Thank you for your e-mail.

解答欄に記入しなさい。

Best wishes,

176

6 ライティング（英作文）

● あなたは，外国人の知り合いから以下の**QUESTION**をされました。

● **QUESTION**について，あなたの意見とその理由を2つ英文で書きなさい。

● 語数の目安は50語〜60語です。

● 解答は，解答用紙の英作文解答欄に書きなさい。なお，解答欄の外に書かれたものは採点されません。

● 解答が**QUESTION**に対応していないと判断された場合は，0点と採点されることがあります。**QUESTION**をよく読んでから答えてください。

QUESTION

Do you think e-mail is a better means of communication than letters?

準2級リスニングテストについて

1 このリスニングテストには，第1部から第3部まであります。

☆英文はすべて一度しか読まれません。

第1部 …… 対話を聞き，その最後の文に対する応答として最も適切なものを，放送される1，2，3の中から一つ選びなさい。

第2部 …… 対話を聞き，その質問に対して最も適切なものを1，2，3，4の中から一つ選びなさい。

第3部 …… 英文を聞き，その質問に対して最も適切なものを1，2，3，4の中から一つ選びなさい。

2 No. 30のあと，10秒すると試験終了の合図がありますので，筆記用具を置いてください。

第1部

🔊 069〜079

No. 1 〜 No. 10

（選択肢はすべて放送されます）

第2部

🔊 080〜090

□□ **No. 11** **1** To invite her to a movie.

2 To ask her when he can visit her.

3 To find out where his friends are.

4 To get help with his homework.

□□ **No. 12** **1** There is only one color of the skirt.

2 The skirt is too small.

3 The skirt is too expensive.

4 There is only one style of the skirt.

□□ **No. 13** **1** He got a new position.

2 His friend is now his boss.

3 He will travel for work.

4 His wife got a promotion.

□□ **No. 14** **1** Enter a different company.

           2 Go on a holiday.

           3 Work in another country.

           4 Start taking an English class.

□□ **No. 15** **1** Buy a computer for the woman.

           2 Call the woman later again.

           3 Take 50 dollars off the price.

           4 Send someone to help the woman.

□□ **No. 16** **1** Choose a class.

           2 Write her class paper.

           3 Watch TV.

           4 Go to her friend's place.

□□ **No. 17** **1** To request product information.

           2 To get their store address.

           3 To design a website.

           4 To get his money back.

□□ **No. 18** **1** Call the manager.

           2 Send an e-mail to Michael.

           3 Receive the sales report.

           4 Cancel the meeting.

□□ **No. 19** **1** Help their teacher move house.

           2 Welcome the new teacher.

           3 Ask his mother for advice.

           4 Give their teacher a gift.

□□ **No. 20** **1** The park is far away.

           2 He cannot find the park.

           3 He does not have a car.

           4 The library is closed.

□□ **No. 21**　**1** Meet her friends at bookstores.
　　　　　　　2 Speak to shop clerks about history.
　　　　　　　3 Learn about helping the environment.
　　　　　　　4 Go to a café to read books.

□□ **No. 22**　**1** They traveled all around Australia.
　　　　　　　2 They visited a place with beautiful scenery.
　　　　　　　3 They climbed mountains in Europe.
　　　　　　　4 They swam in large lakes.

□□ **No. 23**　**1** A band will play live music.
　　　　　　　2 A news program will start.
　　　　　　　3 There will be a quiz.
　　　　　　　4 There will be an interview.

□□ **No. 24**　**1** The coach told him not to.
　　　　　　　2 The team had enough members.
　　　　　　　3 The other players were taller.
　　　　　　　4 The game was too hard.

□□ **No. 25**　**1** It travels with goats and cows.
　　　　　　　2 It usually sleeps late at night.
　　　　　　　3 It loses its horns at a young age.
　　　　　　　4 It is a gentle animal.

□□ **No. 26**　**1** He did some work for his neighbor.
　　　　　　　2 He went to the office with his father.
　　　　　　　3 He cleaned snow off the car.
　　　　　　　4 He got ten dollars from his mother.

□□ **No. 27**   **1** She rode on a new subway line.

          2 She got her work done on time.

          3 She went to bed earlier at night.

          4 She changed the time she got on the train.

□□ **No. 28**   **1** At a music store.

          2 At a secondhand store.

          3 At a library.

          4 At a bookstore.

□□ **No. 29**   **1** He repeats the announcer's words.

          2 He pretends to be the announcer.

          3 He teaches his friends about announcing.

          4 He tells his family about the announcer's techniques.

□□ **No. 30**   **1** They were the first euros to be produced.

          2 There are not many in the world.

          3 They are smaller than regular euros.

          4 There are no designs on one side.

実力完成模擬テスト 解答一覧

正解を赤で示しています。（実際の試験ではHBの黒鉛筆またはシャープペンシルを使用してください。）

筆 記 解 答 欄					
問題番号		1	2	3	4
1	(1)	**①**	②	③	④
	(2)	**①**	②	③	④
	(3)	①	②	③	**④**
	(4)	**①**	②	③	④
	(5)	①	②	**③**	④
	(6)	①	②	**③**	④
	(7)	**①**	②	③	④
	(8)	①	**②**	③	④
	(9)	①	②	**③**	④
	(10)	①	②	③	**④**
	(11)	**①**	②	③	④
	(12)	**①**	②	③	④
	(13)	**①**	②	③	④
	(14)	①	②	③	**④**
	(15)	①	**②**	③	④

筆 記 解 答 欄					
問題番号		1	2	3	4
2	(16)	①	②	③	**④**
	(17)	①	②	③	**④**
	(18)	①	**②**	③	④
	(19)	**①**	②	③	④
	(20)	①	②	**③**	④
3	(21)	①	②	③	**④**
	(22)	**①**	②	③	④
4	(23)	①	②	**③**	④
	(24)	①	**②**	③	④
	(25)	**①**	②	③	④
	(26)	①	②	**③**	④
	(27)	①	②	③	**④**
	(28)	①	**②**	③	④
	(29)	**①**	②	③	④

リスニング解答欄					
問題番号		1	2	3	4
第1部	No. 1	①	②	**③**	
	No. 2	①	**②**	③	
	No. 3	**①**	②	③	
	No. 4	①	**②**	③	
	No. 5	**①**	②	③	
	No. 6	①	②	**③**	
	No. 7	**①**	②	③	
	No. 8	①	**②**	③	
	No. 9	①	②	**③**	
	No. 10	①	**②**	③	
第2部	No. 11	**①**	②	③	④
	No. 12	①	**②**	③	④
	No. 13	**①**	②	③	④
	No. 14	①	②	**③**	④
	No. 15	①	②	③	**④**
	No. 16	①	**②**	③	④
	No. 17	**①**	②	③	④
	No. 18	**①**	②	③	④
	No. 19	①	②	③	**④**
	No. 20	①	**②**	③	④
第3部	No. 21	①	②	③	**④**
	No. 22	①	**②**	③	④
	No. 23	①	②	**③**	④
	No. 24	①	②	**③**	④
	No. 25	①	②	③	**④**
	No. 26	**①**	②	③	④
	No. 27	①	②	③	**④**
	No. 28	①	②	**③**	④
	No. 29	①	**②**	③	④
	No. 30	①	**②**	③	④

筆記5，6の解答例はp.194〜197を参照してください。

筆記1　問題 p.166〜167

(1)　解答　**1**

A: すみません。この映画館では学生割引はありますか。
B: はい，しかし，まず学生証**を確認させて**いただく必要があります。

解説　映画館で学生割引を問い合わせている場面である。映画館のスタッフの発言として空所直後にある your student ID card「学生証」と意味的に自然につながる動詞を考えて check「〜を確認する」を選ぶ。guide「〜を案内する」，order「〜を命令する」，decide「〜を決める」。

(2)　解答　**1**

アラナが髪の毛の色を変えた後，彼女の友達の多くが彼女だ**とわから**なかった。彼女の新しい髪色で，彼女が全く違う人に見えてしまったのだ。

解説　recognize は「〜を識別する」という意味だが，自分の知っているものについてそうであると認識するということ。アラナは髪色を変えたため，友達は彼女がアラナだと認識できなかったのである。continue「〜を続ける」，graduate「卒業する」，locate「〜を位置づける」。

(3)　解答　**4**

A: まあヒロシ！　あなたは英語のテストで本当によい成績だったのね！
B: ありがとう。実は，子供のころ5年間カナダで暮らしていたので，僕は**有利**なんだ。

解説　正解の advantage は「有利な点，強み，メリット」という意味である。子供のころカナダで暮らしたことが英語のテストで有利に働いたということ。office「会社」，appointment「約束」，experience「経験」。

(4)　解答　**1**

チズコが友達に自分が有名なアメリカの大学に**受け入れ**られたと話すと，友達は興奮した。

解説　become excited で「興奮する」。チズコがアメリカの大学にどうしたので友達が興奮したのかを考える。accept は「〜を受け入れる」という意味。imagine「〜を想像する」，succeed「成功する」，expect「〜を期待する」。

(5)　解答　**3**

A: もしもし？　ジャック，どこにいるの？　私たちはみんな駅にいるのよ。
B: ごめん，まだ会社にいるんだ。僕抜きでレストランに行ってくれるかな？僕は会社から**直接**そこに行くから。

解説　駅で待ち合わせてみんなでレストランに向かう場面で，まだ到着していないジャックと電話で話している。ジャックが「僕抜きで行ってくれる？」と言っていることから，彼は会社から直接レストランに向かおうとしていると考える。fluently「流暢に」，nearly「ほとんど」，fortunately「幸運にも」。

NOTES

□ get a discount
　割引を受ける

□ do well on 〜
　〜でよい成績をとる

21
日目

模擬テスト

183

(6) 解答 **3**

ブライアンは最初のサッカーの練習を欠席したが，残りの練習は<u>出席する</u>ことができた。

解説 「最初の練習を欠席したが，残りの練習は〜」という対比から，attend「〜に出席する」が正解。the other 〜は「残りの〜」という意味。leave「〜を残す」，bring「〜を持ってくる」，improve「〜を改良［改善］する」。

(7) 解答 **1**

ブラウンさんは，寝つきが悪くなるので夜は<u>濃い</u>コーヒーを飲まないと言う。

解説 because 以下の「寝つきが悪くなる」という理由の説明に着目。正解は strong「（コーヒーが）濃い」。反対に，「（コーヒーが）薄い」は weak を用いる。thin「（厚さが）薄い」，tight「窮屈な」，loud「大声の」。

(8) 解答 **2**

A: お母さん，どうして手を洗わなければならないの？

B: だって，そうしないと<u>病気</u>にかかるかもしれないからよ。そうなったら，お医者さんに行かなければならないでしょ。

解説 「そう（＝手を洗う）しないと〜かもしれない」という文脈で，空所の前の catch a とうまくつながる disease「病気」を選ぶ。同義語 illness とあわせておさえよう。nature「自然」，surface「表面」，technique「技法，テクニック」。

(9) 解答 **3**

ニールは8時までに休暇から自宅に戻りたかったが，道路の<u>交通量</u>がひどすぎた。9時30分まで運転を続けることとなった。

解説 自宅に戻るのが9時30分になったのは，帰り道の交通量がひどすぎたからだと考えて，traffic「交通（量）」を選ぶ。research「調査」，harvest「収穫」，voyage「航海」。

(10) 解答 **4**

ユミコはカナダでは英語を使う<u>機会</u>がたくさんあるだろうと考えたので，そこへ留学することを決めた。

解説 ユミコがカナダ留学を決めた理由は，そこで英語を話す機会が多いと思ったからだと考える。opportunity は「機会」という意味で，chance と同義。instrument「道具，楽器」，opinion「意見」，attitude「態度」。

(11) 解答 **1**

A: トム，今夜あなたのところに泊めてくれてありがとう。

B: どういたしまして。どうか**ゆっくりしてください**ね。冷蔵庫から好きなものは何でもお取りください。

解説 Make yourself at home. で「ゆっくりしてください，くつろいでください」という意味。ここでのat homeはcomfortableという意味である。たとえば，feel at homeで「居心地よく感じる（feel comfortable）」。

(12) 解答 **1**

ジェーンの父親は外国で働かないように彼女に何度も言ったが，とうとう**あきらめ**，彼女が海外に行くことを許した。

解説 allowed her to go abroad「彼女が外国に行くことを許した」ということは父親が娘の説得を「あきらめた」ということである。show up「現れる」，pass by「通り過ぎる」，take off「離陸する」。

(13) 解答 **1**

昨夜の吹雪は多くの問題を引き起こした。道路の悪条件のために**少なくとも**2つの道路が閉鎖されなければならなかった。

解説 空所の直後にtwoと数がきていることに注目。at least「少なくとも」は数の前に置かれることの多い熟語である。with care「注意深く」，on time「時間どおりに」，in advance「前もって」。

□ snowstorm　吹雪

(14) 解答 **4**

ドレスを買う前には**試着をする**ことが常に大事である。そうしないと，似合わなかったりサイズがあまり合わなかったりするものを買うことになってしまうだろう。

解説 空所直後のa dressを目的語として一番自然にとれるものは，**4**のtry on ～「～を試着する」である。bring up ～「～を育てる」，ask for ～「～を求める」，find out～「～を見つけ出す」。

□ otherwise
そうでなければ
□ end up *doing*
結局～することになる

(15) 解答 **2**

A: こんにちは，キャリー。次のフランス語の勉強会がいつ**行われる**か知っている？

B: ええ。木曜日の5時よ。

解説 Bが日時を答えているので，Aは次のフランス語の勉強会がいつ行われるかと尋ねていると考えて，take place「（行事などが）行われる，起こる」を選ぶ。show up「現れる」，look out「注意する」，come true「実現する」。

□ session　会合

21
日目

模擬テスト

185

☐ reserve　〜を予約する

☐ require　〜を必要とする

筆記2　　問題p.168〜169

(16) 　解答　**4**

A: もしもし。ベライタリアレストランです。ご用件をお伺いいたします。
B: もしもし。金曜日の夜にテーブルを予約したいのですが。
A: かしこまりました。大丈夫なはずです。**お席はいくつ必要でしょうか？**
B: 大家族ですので，12脚いすが必要です。
　1 何時にご到着でしょうか
　2 お名前をいただけますでしょうか
　3 どのくらいの時間をお過ごしでしょうか
　4 お席はいくつ必要でしょうか

　解説　レストランへの予約の電話である。空所部分は疑問文なので，その答えである直後の部分に着目する。we need twelve chairs「12脚いすが必要です」と席数について話しているので，正解は**4**。

(17) 　解答　**4**

A: すみません。チャーチストリート駅への道はおわかりになりますか。
B: はい，わかります。この通りを進んでいって右に曲がってください。
A: わかりました。**時間はどのくらいかかりますか？**
B: そんなに大変ではありませんよ。おそらく数分ほどで到着できるでしょう。
　1 銀行の隣ですか
　2 バスはありますか
　3 電車の切符はいくらですか
　4 時間はどのくらいかかりますか

　解説　冒頭部分から路上で見知らぬ人に道を尋ねている場面だと判断する。空所部分は疑問文なので，直後の部分に着目。「それほど大変ではない」と言った後，You can probably get there in just a few minutes.「おそらく数分ほどで到着できるでしょう」と言い，そこに到着するまでの時間について説明しているので，正解は**4**。

(18) 　解答　**2**

A: こんにちは。僕はヤスです。君は新人だよね？
B: ええ。昨日この会社で働き始めたばかりなの。私はローザよ。
A: はじめまして，ローザ。僕たちの会社へようこそ。**今度一緒にランチに行かない？**
B: ぜひそうしたいわ。まだこのあたりで食べるのにいい場所をあまり知らないの。
　1 僕たちの新しいオフィスを訪れ
　2 今度一緒にランチに行か
　3 まず君がやるべきことについて話さ
　4 僕たちの上司と打ち合わせをし

　解説　冒頭の2人のやりとりから，会社での会話だとわかる。空所の後で，I'd love to.「そうしたい」と同意していて，その後で食べる場所について話していることから正解は**2**。Why don't we *do*?は「（一緒に）〜しませんか」と人を誘うときに使う表現である。

(19)(20)

A: 今週末，ロックのコンサートに行く予定？

B: 絶対に行くわよ。クラスのほとんどの生徒も行くのよ。あなたは？

A: だめなの，両親が遠すぎるって言うから。

B: ほんのマウンテン市内よ。暗くなる前に帰って来られるわ。

A: わかっているけど，それでも許してくれないの。

B: マウンテン市はとても安全な地域よ。何も起きるはずがないわ。もう一度ご両親に頼んでみたらどう？

A: 何度も頼んだけど，考えを変えようとしないの。

B: そうねえ，もう一度試してみることね。コンサートはすごく楽しいわよ。

(19) 解答 **1**

   1 両親が遠すぎるって言う
   2 彼らが私が話していた子供たちだ
   3 私はもう着て行く服を選んだ
   4 チケットは私には高すぎる

解説 直前にNo, becauseとあるので空所部分にはAがコンサートに行かない理由がくると考える。続くBの発言に「暗くなる前に帰って来られる」とあるので，Aの両親は遠すぎるという理由で反対していると考えて，**1**を選ぶ。Aの次の発言中に出てくるtheyが指すものが**1**のmy parentsを指していると考えられることもヒントになる。

(20) 解答 **3**

   1 どのくらいの時間がかかると思う
   2 私たちはいつ出発できると思う
   3 もう一度ご両親に頼んでみたらどう
   4 チケットをもう2枚持っているかしら

解説 空所直後の「何度も頼んだけど，許してくれないのよ」という内容の応答に自然につながる発言は**3**。Bは，コンサート会場は遠くないし安全なので，両親にもう一度頼んでみるべきだと提案したと考える。Why don't you *do*?「〜したらどうですか」は相手に提案や助言をするときに用いる表現。

□ pick out 〜　〜を選ぶ

□ extra　余分の，追加の

21
日目

模擬テスト

187

□ more than twice the distance
　その距離の2倍以上

□ sign up　参加登録する

□ than usual
　いつもよりも

□ confident
　確信して，自信をもって

□ ahead of ～　～の前に

筆記3　問題p.170

マラソン少女

　カレンはふだん家の近くの公園で1日に4キロくらい走る。ある夜，彼女は彼女の市で開かれるレースのことをウェブサイトで読んで知った。それは10キロ走で，彼女が通常走る距離の2倍以上だった。しかしながら，彼女はランナーとしての自分の力を試したかった。レースまでたった2週間しかなかったので，彼女にはレースの準備をする時間がほとんどなかった。

　カレンは申し込むことに決め，いつもより少し長い距離を走って毎日訓練した。彼女は自分の身体が強くなっていくのを感じることができた。2週間の練習の後，彼女は10キロを走れると確信した。レース当日，カレンは自分ができると思っていたよりも速く走った。彼女はレースで25位になって驚いた。それは優勝には程遠いものだったが，それでも彼女の後ろには437人もいたのだ！　メダルには届かなかったものの，カレンはその結果にとても満足だった。

(21) 解答　**4**

解説　空所を含む文の冒頭にHowever「しかしながら」という接続表現があることに注意する。レースがいつも走る距離より2倍以上長いにもかかわらず，カレンが何をしたいと思ったのかを考える。正解は**4**で，test one's abilityで「～の能力を試す」という意味。カレンは走者としての自分の力を試したかったのである。**1**「進んで手伝う」，**2**「コーチになる」，**3**「他の人を応援する」。

(22) 解答　**1**

解説　空所の後のfinish in 25th placeとは「25位で終わる，25位になる」という意味。25位になって彼女がどうだったのかを考える。直後の文に「それでも彼女の後ろには437人もいたのだ！」とあることや，最終文のKaren was very happy with her results.「カレンは自分の結果にとても満足した」に着目すると，文脈に合うのは**1**。自分が25位だったことに「驚いた」のである。**2**「気分が悪くなった」，**3**「準備をした」，**4**「怒った」。

MEMO

解答・解説

筆記 4A　問題p.172〜173

送信者：ジーナ・ブラウン <gina979@fartel.com>
受信者：テルミチ・タナカ <terumichi298@japanonline.com>
日付：4月5日
件名：私の旅行

テルミチへ
　こんにちは，お元気？　先月，私，素敵なものを見たのよ。カンボジアのアンコールワット寺院に行く機会があったの。私の大学の学生グループで行ったのよ。そこに到着すると，その寺院は世界で最もよく知られたものの1つで，多くの旅行者が毎年そこを訪れるとツアーガイドが説明してくれたわ。インターネットや本でその写真を見ることはできるけれど，実際に自分で見に行くと，それはもっとずっと素晴らしいの。
　アンコールワットを見てある考えを思いついたの。来年，一緒に有名な場所や建物を訪れてみない？　エッフェル塔やピラミッド，万里の長城だって行けるわよ。あるいは，他にあなたが見てみたい別の場所があったら，代わりにそこへ行くこともできるわ。そのような素晴らしい場所の1つを訪れることは，私たちのような学生にとって本当に一生で一度の経験になると思うの。
　費用のことを心配するかもしれないけれど，安く行きたいときに利用できる航空会社もたくさんあるわ。お金を節約するためにユースホステルに泊まることもできるしね。とにかく，私にEメールで返信して，このことについてのあなたの考えを聞かせてね。
それでは。
ジーナ

go see 〜はgo and see
またはgo to seeと同じ
で，「〜を見に行く」とい
う意味。

□ once-in-a-lifetime
　一生に一度の

□ thought　考え

(23) 解答 3

先月，ジーナは
1 ツアーガイドになるための授業を受けた。
2 彼女の大学で勉強するように観光客を誘った。
3 カンボジアの寺院に行った。
4 アンコールワットについての本を読んだ。

解説 Last month という表現を手がかりに本文中の該当する箇所を探す。第1段落第2文にLast month とあり，その次の文にカンボジアのアンコールワット寺院へ行ったという説明があるので，正解は**3**。

(24) 解答 2

ジーナはテルミチに何をするように頼んでいますか。
1 有名な場所についてもっと知ること。
2 彼女と有名な場所を訪れること。
3 来年の授業の予定を立てること。
4 自分の旅行の経験について書くこと。

解説 ジーナがテルミチに何か依頼や提案をしている部分を探すと，第2段落第2文にWould you like to ～?「～しませんか」と勧誘の表現があり，「来年，一緒に有名な場所や建物を訪れてみませんか」と述べているので，正解は**2**。本文中のfamousが選択肢ではwell-knownに言い換えられていることにも着目しよう。

(25) 解答 1

ジーナはテルミチにどのような情報を伝えていますか。
1 安く旅行する方法がある。
2 航空会社は早期の予約を求めるかもしれない。
3 学生割引には制限があるかもしれない。
4 いくつかのホステルは閉鎖されているかもしれない。

解説 第3段落では，旅行の費用のことが述べられている。第1文後半に安い航空会社，第2文にユースホステルについての具体的な提案があり，安く旅行する方法が説明されているので，正解は**1**。

21
日目

模擬テスト

DNAの歴史

□ material　物質

□ characteristic　特徴

□ generation　世代

□ pea　エンドウ豆

□ seed　種子

□ paper　論文

□ conclusion　結論

□ link A to B
　AをBに関連づける

□ decade　10年間

□ fiber　繊維

□ measure　〜を測定する

□ structure　構造

□ be based on 〜
　〜に基づいている

　DNAは動物や植物がどのように見えるか，あるいは機能するかについてのすべての情報を運ぶ物質である。昔，人々はある特徴がどのように世代から世代へと受け継がれていくのか知らなかった。DNAの発見前，ヨーロッパの科学者グレゴール・メンデルが，花の色や種子の形などのさまざまな特徴をもつエンドウ豆を育てることによって，多くの実験をした。1866年に，彼はエンドウ豆の種子がどのように同じ色だけでなく異なる色の花をつくることができるのかを説明する法則を発表した。

　メンデルの論文は，彼が生きている間はあまり注目されなかった。彼の死後16年経った1900年に，3人の研究者が異なる植物を使って単独で実験を行い，メンデルの研究と同じ結論に至った。1902年には，イギリスの医師であるアーチボルド・ガロッドが，珍しい病気に苦しむ家族の集団を研究しており，自分の研究とメンデルの研究に共通する点があることに気づいた。その結果，彼はメンデルの研究を人間の病気に関連づけた最初の人物になった。

　その後の数十年間で，DNAの役割はだんだん理解されるようになった。1952年，女性の科学者ロザリンド・フランクリンはDNA繊維の写真を撮り，大発見となった。彼女はX線データを使ってDNAの大きさを測定することに成功したが，その形を発見するにはあと一歩及ばなかった。残念なことに，彼女は37歳のときに，がんで亡くなった。

　そのころ，アメリカ人のジェームズ・ワトソンとイギリス人のフランシス・クリックはDNAの構造を発見しようと一緒に取り組んでいた。ロザリンド・フランクリンの同僚であるモーリス・ウィルキンスは，彼らにフランクリンのX線データを見せた。そのX線データを含め，手に入る情報はすべて駆使して，2人は1953年にDNAの形を発見した。この研究に対し，彼らはノーベル賞を受賞した。ワトソンとクリックはDNAの形を発見した最初の人物ではあるが，彼らの研究は200年に及ぶ科学研究に基づいていたのである。

(26) 解答 **3**

グレゴール・メンデルが発見したことの1つは何ですか。
　1 エンドウ豆の花はいつも違う色である。
　2 エンドウ豆の種子の形はなぜDNAによって制御されているのか。
　3 エンドウ豆の種子はどのようにして異なる色の花をつくるのか。
　4 エンドウ豆において，種子の形は花の色に制御されている。

解説 Gregor Mendelについては第1段落第3文に出てくる。その次の文にはhe published a law「彼は法則を発表した」とあり，その直後に法則の内容がwhich explained how the seeds of pea plants could produce pea plants with flowers of not only the same color, but also a different color「エンドウ豆の種子がどのように同じ色だけでなく異なる色の花をつくることができるのかを説明する」ものだったと説明されているので，正解は**3**。

(27) 解答 **4**

アーチボルト・ガロッドが発見したことは
　1 グレゴール・メンデルの研究は正しくなかったということだ。
　2 いくつかの植物がある病気の治療に必要だということだ。
　3 家族から珍しい病気をうつされたということだ。
　4 グレゴール・メンデルの発見は人間の病気を説明できるということだ。

□ **finding** 発見（したもの）

解説 質問にあるArchibald Garrodについては第2段落第3文にBritish doctor Archibald Garrodと出てきて，直後の文に「メンデルの研究を人間の病気に関連づけた最初の人物になった」とあるので，正解は**4**。

(28) 解答 **2**

1952年に何が起きましたか。
　1 DNAの役割が最初に調査された。
　2 ロザリンド・フランクリンがDNAの大きさを突き止めた。
　3 がんの新しい治療法が見つかった。
　4 ロザリンド・フランクリンがDNA繊維の写真の撮影に失敗した。

解説 質問にある1952という年号は第3段落第2文に出てくる。そこにはその年に彼女がDNA繊維の写真撮影をしたとあり，その直後の文にshe was able to measure the size of DNA successfully using her X-ray data「彼女はX線データを使ってDNAの大きさを測定することに成功した」とあるので，正解は**2**。

(29) 解答 **1**

ジェームズ・ワトソンとフランシス・クリックについて正しいものはどれですか。
　1 ロザリンド・フランクリンのデータを使ってDNAの形を突き止めた。
　2 彼らが手に入れたすべての情報をモーリス・ウィルキンスに共有した。
　3 ロザリンド・フランクリンとともにノーベル賞を受賞した。
　4 DNAの構造を偶然に発見した。

□ **by chance** 偶然に

解説 2人の名前は第4段落第1文に出てくる。同段落第2文でウィルキンスが彼らにフランクリンのX線データを見せたことが述べられ，続く第3文でUsing all the information available, including the X-ray data, the pair discovered the shape of DNA in 1953.「そのX線データを含め，手に入る情報はすべて駆使して，2人は1953年にDNAの形を発見した」とあるので，正解は**1**。**2**は，ウィルキンスとすべての情報を共有したわけではないので不一致。**3**は，フランクリンはノーベル賞を受賞していないので不一致。**4**は同段落第1～3文より，偶然にDNAの構造を発見したわけではないので不一致。

21
日目

模擬テスト

筆記5　問題p.176

解答例

Being in the school band sounds fun. How many members are there in the band? And what kind of music does the band play? About your question, I think so. Club activities teach students things they can't learn in class. Those things will help them when they're older.　　　　　　　　　　　（48語）

問題文の訳

こんにちは！

ねえねえ，聞いて！　僕，高校で学校の楽団に入部したんだ。僕の学校にはたくさんの部活動があるので，どの部を選べばいいのかわからなくてね。姉がその学校の楽団にいて，彼女が楽団はすごく楽しいって言ったんだ。彼女が僕も入部するように勧めてくれてね。学校の楽団は好きなんだけど，楽器を学ぶのが大変だよ。週に3回楽団の練習があるんだ。君はすべての生徒が部活動に参加すべきだと思う？

あなたの友達
イーサン

――――――――――――――――――――――――――――――――

こんにちは，イーサン！

Eメールをありがとう。
［解答欄に記入しなさい。］
それでは，

解答例の訳

学校の楽団にいるとは楽しそうだね。その楽団には何人のメンバーがいるの？　そして，その楽団はどんな種類の音楽を演奏するの？　あなたの質問について，私はそう思う。部活動は授業では学べないことを生徒に教えてくれるもの。それらのことは，彼らが年を重ねたら彼らの助けになるよ。

解説

　最初にイーサンからのメールに対するリアクションを書く。解答例では，楽団に入部したというイーサンからの報告を受けて，Being in the school band sounds fun.「学校の楽団にいるとは楽しそうだ」と述べている。ほかに I didn't know you like playing musical instruments.「あなたが楽器を演奏するのが好きだなんて知らなかった」などとその報告に対して驚きを表すこともできる。
　次に下線が引かれた the school band「学校の楽団」について具体的な質問を2つ書く。解答例では，How many members ...?「何人のメンバーが…?」と部員の数についてと，what kind of music ...?「どんな（種類の）音楽を…?」と演奏する音楽について尋ねている。ほかには，Do you have a teacher in the band?「楽団には先生がいるのか」などと質問することも可能である。
　最後に「すべての生徒が部活動に参加すべきだと思うか」という質問に対する回答を書く。まず自分の意見を述べて，その後でその理由などを説明する。解答例では，まず，About your question, I think so.「あなたの質問について，私はそう思う」と簡潔に自分の意見を述べ，その後で，部活動は授業で学べないことを教えてくれて，それらは将来役立つとその理由を説明している。ほかの理由としては，Students can make good friends through their club activities.「生徒は部活動を通じて良い友達ができる」，Students can have a relaxing time with their friends.「生徒は友達とゆっくり過ごすことができる」なども考えられる。逆の立場の理由としては，Students should not be forced to do club activities.「生徒は部活動を強制されるべきではない」，Students are already busy with a lot of schoolwork.「生徒はすでにたくさんの学校の勉強で忙しい」などと述べることも

□ sound (like) fun
　楽しそうである

□ in class　授業で

□ band　楽団

□ club activity
　クラブ活動，部活動
□ which one to do
　どちら（のもの）を～するか
□ suggest
　～を提案する，勧める
□ musical instrument
　楽器
□ three times a week
　週に3回
□ take part in ～
　～に参加する

できる。

　最後に完成した解答を読み直し，「学校の楽団」についての2つの質問とイーサンからの質問に対する回答が含まれていること，文法や語彙のスペリング・用法に誤りがないこと，語数が40～50語程度であることを確認する。

□ means 手段

□ unlike ～と違って

□ (at) any time ～
　～なときはいつでも

□ travel 伝わる，進む

筆記6　問題p.177

解答例

I think that e-mail is the best means of communication. I have two reasons for this. Firstly, it is convenient. Unlike telephones, you can send messages any time you like. Secondly, it is fast. You don't have to wait for your messages to travel to your friends. For these reasons, I think e-mail is better than letters.

(57語)

QUESTION
あなたはEメールは手紙よりよいコミュニケーションの手段だと思いますか。

解答例

私はEメールは最良のコミュニケーション手段だと思います。これには理由が2つあります。まず，それは便利だからです。電話と違い，好きなときにいつでもメッセージを送ることができます。次に，それは速いからです。自分のメッセージが友人に届くのを待つ必要がありません。これらの理由により，私はEメールは手紙よりもよいと思います。

解説

QUESTIONは，コミュニケーションの手段として，Eメールの方が手紙よりよいか尋ねるものである。まず，構想を練るためにメモを取ろう。解答例では，「Eメールのほうがよい（賛成）」の立場をとることとし，その理由として「便利である」と「速い」の2つを挙げた。

■意見
まず，自分の意見を書く。「賛成」なのでI think (that)に続けて，QUESTIONの文をそのまま利用して書けばよいが，解答例では論を一歩進めてe-mail is the best means of communication「Eメールは最良のコミュニケーション手段である」としてある。

■理由
次に理由を述べる。理由を述べる前にI have two reasons for this.「これには理由が2つある」と書いて，読み手に次に理由が2つくることを予測させる。1つ目の理由をFirstly「第一に」で始める。最初に短くズバリit is convenient「それは便利である」と書く。その後，それを少し長めの文で詳しく説明する。コミュニケーション手段の1つである電話と比較し，「好きなときにいつでもメッセージが送れる（can send messages any time you like）」としてある。
2つ目の理由は，Secondly「第二に」で始めて，短くズバリit is fast「それは速い」と書く。その後でその内容を詳しく「メッセージが友人のところに届くのを待つ必要がない（You don't have to wait for your messages to travel to your friends.）」と説明する。wait for ～ to doで「～が…するのを待つ」という意味。
このように1つ目の理由と2つ目の理由を同じパターン（「短くズバリ」→「詳しく」）で書くと，全体としてリズムのある流れのいい文章になる。

■まとめ
最後にまとめの文を書いて，全体の文章を締めくくる。解答例では，まとめを導く表現としてFor these reasons「これらの理由により」を用いている。その後には，QUESTIONの文を利用して書けばよいが，解答例では，e-mail is better than letters「Eメールは手紙よりもよい」とよりシンプルにまとめてある。

「反対」の立場ならば

解答例

I don't think e-mail is as good as letters. There are two reasons for this. First, e-mail is too mechanical. Many people feel warmer toward handwritten letters than toward e-mail. Second, its users are limited. E-mail is used only among those who can use computers or smartphones. Therefore, I don't think e-mail is a good form of communication. (58語)

私は，Eメールは手紙ほどよいとは思いません。これには理由が2つあります。第一に，Eメールは機械的すぎるからです。多くの人はEメールよりも手書きの手紙により温かみを感じます。第二に，その利用者が限られているからです。Eメールはコンピュータやスマートフォンを使える人たちの間でしか利用されません。したがって，私はEメールがよいコミュニケーションの形だとは思いません。

→「反対」の立場で全体を構成する場合の理由として，「Eメールは機械的で温かみがない」ことと「コンピュータやスマートフォンを使える人だけに限定される」ことを挙げてある。まとめの文は，Therefore「したがって」という接続表現で導入している。また，QUESTIONの文ではa better means of communication「よりよいコミュニケーションの手段」という表現が用いられているが，ここではa good form of communication「よいコミュニケーションの形」と表現を変えてバリエーションを持たせてある。

□ mechanical　機械的な

□ toward　〜に対して

□ handwritten　手書きの

□ form　形

21
日目

模擬テスト

リスニング 第1部 🔊)) 069~079　問題p.178

No. 1 解答 **3**

★：Where do you usually go shopping, Marcia?

☆：I use the Internet at home.

★：Really? I think it will be more expensive than buying at stores.

　1 I need to buy a computer.

　2 I like to go shopping at stores.

　3 I know, but I can save time.

> ★：マーシャ，普段どこへ買い物に行くの？
> ☆：家でインターネットを使うわ。
> ★：本当？　店で買うよりもっと高くなると思うよ。
> 　**1** コンピュータを買う必要があるからよ。
> 　**2** 店に買い物に行くのが好きだからよ。
> 　**3** わかってるけど，時間を節約できるのよ。

解説 友人同士の会話である。話題はどこで買い物をするかについて。その質問にマーシャは「インターネットでする」と答えている。「高くなると思うよ」という意見に対し時間の節約になると答えている**3**が正解。

No. 2 解答 **2**

☆：Hello, Regent Cinema. How may I help you?

★：Hi. Is the movie *The Last Dance* still playing there?

☆：I'm sorry, sir. *The Last Dance* finished last week.

　1 Great. Two tickets, please.

　2 I see. That's too bad.

　3 That's fine. I'll try next week.

> ☆：もしもし。リージェント映画館です。ご用件をお伺いいたします。
> ★：もしもし。映画「ラストダンス」はまだそちらで上映しているでしょうか。
> ☆：申し訳ございません。「ラストダンス」は先週終了いたしました。
> 　**1** よかった。チケットを2枚ください。
> 　**2** わかりました。残念です。
> 　**3** それで結構です。来週やってみます。

解説 映画館への問い合わせの電話。*The Last Dance*という映画がまだ上映しているかどうか尋ねたが，先週終了したと返事をもらう。それに対する適切な応答は，That's too bad.「それは残念だ」と答えている**2**。

No. 3　解答　1

☆：May I help you, sir?

★：I'm looking for a suit. What do you have on sale?

☆：All of our summer suits are 25 percent off.

1 Great! That's good to know.

2 Really? The sale is for a week.

3 Oh, my! I'll pay in cash.

> ☆：お客さま，何かご用はございませんか。
> ★：スーツを探しているのです。セールになっているものには何がありますか。
> ☆：夏のスーツはすべて25％引きです。
>   **1** すばらしい！　知ってよかったです。
>   **2** 本当？　セールは1週間です。
>   **3** あれまあ！　現金で支払います。

解説 洋服店での女性店員と男性客の会話。最後の発言 All of our summer suits are 25 percent off.「夏のスーツがすべて25％引きです」に注意する。男性はそれを聞いて喜んだと考えて，**1**を選ぶ。

No. 4　解答　2

★：Anne, did you hear about our next test?

☆：Yeah, Mr. Blake said it'll be pretty difficult.

★：So what should we do to get good scores?

1 I'm sure he's a good teacher.

2 Just study harder than usual.

3 It starts at 8:30 a.m.

> ★：アン，次のテストについて聞いた？
> ☆：ええ，ブレイク先生がかなり難しいって言っていたわ。
> ★：それなら，いい点を取るためにはどうしたらいいんだろう？
>   **1** きっと彼はいい先生よ。
>   **2** いつもより一生懸命に勉強するだけよ。
>   **3** それは午前8時30分に始まるわ。

解説 友人同士の会話。話題は今度行われるテストである。最後の疑問文 what should we do to get good scores?「いい点を取るためにはどうすべきだろうか」を聞き取るのがポイント。正解は「いつもより一生懸命に勉強するだけ」と答えている**2**。

□ on sale　特売で

□ pay in cash　現金で払う

□ pretty　かなり

21
日目

模擬テスト

解答・解説

No. 5 解答 **1**

★：Are you going to the Christmas party, Jane?
☆：Well, I haven't decided yet.
★：I think it'll be fun. You should come.
  1 Let me think about it.
  2 It's just before Christmas.
  3 I know most of the people going.

> ★：ジェーン，あなたはクリスマスパーティーに行く予定？
> ☆：そうねえ，まだ決めていないわ。
> ★：楽しいと思うよ。来るべきだよ。
>   **1** 考えさせてちょうだい。
>   **2** クリスマスの直前よ。
>   **3** 私は行く人のほとんどを知っているわ。

解説 友人同士の会話。前半から話題はクリスマスパーティーに行くかどうかであるとわかる。会話最後のYou should come.「来るべきだよ」に対して適切な応答は**1**。Let me think about it.「それついて考えさせてください」はよく口語で用いられる表現である。

No. 6 解答 **3**

☆：Excuse me, sir. You can't smoke here.
★：I'm sorry. I didn't know that.
☆：There's a smoking area over there.
  1 Yes, I can change euros into dollars.
  2 The flight's about three hours.
  3 Thank you for letting me know.

> ☆：失礼ですが，お客さま。ここではタバコは吸えません。
> ★：すみません。知りませんでした。
> ☆：あちらに喫煙所がございます。
>   **1** はい，私はユーロをドルに換えられます。
>   **2** フライトは約3時間です。
>   **3** 知らせていただきありがとうございます。

解説 初対面の者同士の会話。最初のやりとりから，女性は男性に喫煙を注意していることをつかむ。女性が「あちらに喫煙所がある」と教えてくれたので，男性はそれに対してお礼を述べると考えて，**3**を選ぶ。

No. 7 解答 **1**

☆：Hello, Sal's Restaurant. How may I help you?

★：Hi. I'd like to reserve one of your private rooms for a party next Tuesday.

☆：Thank you. When does it start?

　1 At around 6 p.m., please.

　2 Ten people, including me.

　3 It will take around 30 minutes.

□ reserve 　〜を予約する

□ private room　個室

□ including 　〜を含めて

> ☆：もしもし，サルズレストランです。ご用件をお伺いいたします。
>
> ★：もしもし，次の火曜日にそちらのパーティー用の個室の１つを予約したいのですが。
>
> ☆：ありがとうございます。いつ始まりますか。
>
> 　**1** 午後6時ごろでお願いします。
>
> 　**2** 私を含めて10人です。
>
> 　**3** 30分ほどかかるでしょう。

解説 冒頭のHello「もしもし」とSal's Restaurantとレストラン名を言っていることから，レストランへの電話であるとわかる。客は個室を予約したがっている。最後の疑問文When does it start?を聞き取る。開始時間を尋ねているので，正解は**1**。

No. 8 解答 **2**

☆：Are you still living in Philadelphia, Sam?

★：No, I moved to Miami after I retired from work.

☆：Why did you move there?

　1 My company sent me.

　2 The weather's better there.

　3 It's in Georgia.

□ retire 　退職する

> ☆：まだフィラデルフィアに住んでいるの，サム？
>
> ★：いいや，退職後にマイアミに引っ越したよ。
>
> ☆：なぜそこに引っ越したの？
>
> 　**1** 会社が私を派遣したんだ。
>
> 　**2** そこの方が気候がいいからね。
>
> 　**3** それはジョージアにあるよ。

解説 友人同士の会話。最後の疑問文Why did you move there?「なぜそこへ引っ越したのか」を聞き取るのがポイント。引っ越した理由として成立するのは**1**と**2**だが，サムは「退職後にマイアミに引っ越した」と言っていることから**1**は不適。よって，正解は**2**。

21
日目

模擬テスト

NOTES

No. 9 解答 **3**

☆：Excuse me. Does this bus stop at the park?

★：Yes, it's the third stop from here.

☆：How long does it take to get there?

  1 It's only 3 dollars.

  2 Yes, it's not far.

  3 About 15 minutes.

> ☆：すみません。このバスは公園で停まりますか。
>
> ★：はい，ここから3つ目のバス停です。
>
> ☆：そこまでどのくらいの時間がかかりますか。
>
>   **1** たった3ドルです。
>
>   **2** はい，遠くありません。
>
>   **3** 約15分です。

解説 女性がバスの運転手らしき男性にバスの行き先について尋ねている場面。会話最後の疑問文を聞き取るのがカギ。How long does it take?は「どのくらい時間がかかりますか」と所要時間を尋ねる表現なので，時間を答えている**3**が正解。

No. 10 解答 **2**

☆：Uncle Bob, it's great to see you again.

★：It's good to see you, too, Stephanie. You've gotten tall.

☆：Yes, I have. When was the last time we met?

  1 Let's meet again in May.

  2 Maybe two years ago.

  3 I spoke to your aunt.

> ☆：ボブおじさん，また会えてうれしいわ。
>
> ★：私も会えてうれしいよ，ステファニー。背が高くなったね。
>
> ☆：ええ，そうよ。最後に会ったのはいつだったかしら？
>
>   **1** 5月にまた会おう。
>
>   **2** 2年前かな。
>
>   **3** おばさんと話したよ。

解説 おじとめいの会話。2人が再会した場面である。最後の質問When was the last time we met?「最後に会ったのはいつだったか」を注意して聞く。時を尋ねているので，時を答えている**2**が正解。

No. 11　解答　1

★：Hello, may I speak to Alicia? This is Albert calling.
☆：Hi, Albert! This is Alicia. What is it?
★：Some of my friends and I are going to the movies. Would you like to come?
☆：I'd love to, but I have to do my homework this afternoon. Sorry.

Question: Why did the boy call Alicia?

> ★：もしもし，アリシアをお願いできますか。アルバートです。
> ☆：こんにちは，アルバート！　アリシアよ。どうしたの？
> ★：友達何人かと僕で映画に行くんだ。君も来ない？
> ☆：行きたいけど，今日の午後は宿題をしなければならないのよ。ごめんなさい。
> 質問：男の子はなぜアリシアに電話をしたのですか。
> 　1　映画に誘うため。
> 　2　いつ会いに行けるか尋ねるため。
> 　3　彼の友人がどこにいるか突き止めるため。
> 　4　宿題の手助けを得るため。

解説　友人同士の電話での会話。冒頭部分の may I speak to 〜?「〜をお願いできますか」と This is 〜 calling [speaking].「（話しているのは）〜です」は電話での定型表現である。男の子の用件は，2回目の発言に「友達何人かと僕で映画に行くんだ」とあり，Would you like to come?「君も来ない？」と誘っているので，正解は **1**。

No. 12　解答　2

☆：Do you have this skirt in a larger size?
★：Is that one a little tight?
☆：Yes. I like the style, but it's a little uncomfortable.
★：OK, please wait here. I'll get a bigger one for you.

Question: What is the woman's problem?

□ tight　（服などが）きつい

□ uncomfortable　不快な

> ☆：このスカートで，もっと大きなサイズはありますか。
> ★：それは少しきついのでしょうか。
> ☆：ええ。デザインは気に入っているのですが，ちょっと着心地がよくないのです。
> ★：承知いたしました。ここでお待ちください。もっと大きなものを持ってまいります。
> 質問：女性の問題は何ですか。
> 　1　1色のスカートしかないこと。
> 　2　スカートが小さすぎること。
> 　3　スカートが高すぎること。
> 　4　1つのデザインのスカートしかないこと。

解説　洋服店での店員と客との会話で，スカートが話題。a larger size「もっと大きなサイズ」，a little tight「少しきつい」，a little uncomfortable「少し不快［辛い］」，a bigger one「もっと大きなもの」から，スカートのサイズが問題になっていることがわかるので，正解は **2**。

No. 13　解答　1

★：I finally got the job I wanted!

☆：That's great! You've wanted that for a long time.

★：That's right. I feel really lucky. Now I'll be a hotel manager.

☆：Congratulations!

Question: Why is the man happy?

> ★：ついにやりたかった仕事に就けたよ！
>
> ☆：よかったわね！　あなたはそれをずっと希望していたものね。
>
> ★：その通り。すごく幸運だと思うよ。もう僕はホテルの支配人さ。
>
> ☆：おめでとう！
>
> 質問：男性はなぜ喜んでいるのですか。
>
> 　**1** 新しい職に就いたから。
>
> 　**2** 友達が今，彼の上司だから。
>
> 　**3** 仕事で旅行するから。
>
> 　**4** 妻が昇進したから。

解説 夫婦か友人同士と思われる親しい2人の会話。最初のやりとりで男性がI finally got the job I wanted!「望んでいた仕事に就けた！」と言い，女性がThat's great! と述べていることから，正解は**1**。2回目のやりとりでは，男性はその仕事が「ホテルの支配人」であると言い，それに女性はCongratulations!「おめでとう！」とお祝いを述べている。

No. 14　解答　3

★：I heard you're going to work in Ireland, Haruko.

☆：Yes, the company is sending me there next month.

★：Are you excited?

☆：A little, but I'm also worried about my English.

Question: What is the woman going to do next month?

> ★：アイルランドで仕事をする予定だそうだね，ハルコ。
>
> ☆：ええ，来月，会社が私をそこに転勤させるのよ。
>
> ★：わくわくしている？
>
> ☆：少しね，でも自分の英語が心配でもあるわ。
>
> 質問：女性は来月何をする予定ですか。
>
> 　**1** 別の会社に入る。
>
> 　**2** 休暇に出かける。
>
> 　**3** 他の国で働く。
>
> 　**4** 英語の授業を受け始める。

解説 友人同士の会話。最初のやりとりが聞き取りのポイント。冒頭の男性の発言「君がアイルランドで働く予定だと聞いた」と，それに続くハルコの発言「会社が私をそこに転勤させる」から，正解は**3**。最後にハルコが言う「英語が心配だ」からも，外国に行くことがわかる。

No. 15 解答 4

☆：I'd like to buy this computer. Can you come to my house to set it up?

★：Yes, but it will be an extra 50 dollars.

☆：That's fine. I don't know how to do it myself.

★：No problem, ma'am. We'll send someone to your house.

Question: What does the man say he will do?

☆：このコンピュータを購入したいです。セットアップに家まで来ていただけますか。

★：はい，でも追加料金が50ドルかかります。

☆：構わないです。自分ではそのやり方がわからないので。

★：お任せください，お客さま。お宅に人を派遣いたしましょう。

質問：男性は何をするつもりだと言っていますか。

　1 女性にコンピュータを買ってあげる。

　2 女性に後でまた電話する。

　3 価格から50ドル割り引きする。

　4 女性を手助けするために人を派遣する。

解説 コンピュータを購入しようとしている女性客と店員との会話。女性が最初の発言でコンピュータのセットアップを依頼していて，男性が2回目の発言でWe'll send someone to your house. 「誰かをお宅に派遣します」と言っているので，正解は**4**。

No. 16 解答 2

★：Our class paper is due on Monday. Have you done yours, Karen?

☆：No. I haven't even started yet, Tim.

★：You only have two days. Are you going to start tonight?

☆：I'll have to. No TV for me this weekend.

Question: What will the girl do this weekend?

★：授業のレポートは月曜日が締め切りだよね。カレン，もうやった？

☆：いいえ。まだ取りかかってもいないのよ，ティム。

★：あと2日しかないよ。今夜から始める予定なの？

☆：そうしないといけないわね。今週末はテレビなしね。

質問：女の子は今週末に何をするつもりですか。

　1 授業を選ぶ。

　2 授業のレポートを書く。

　3 テレビを見る。

　4 友達の家に行く。

解説 友人同士の会話。Our class paper 「授業（で出された課題）のレポート」が話題である。前半のやりとりから女の子がまだレポートに取り組んでいないことをつかむ。最後にI'll have to. 「やらなければいけない」，さらにNo TV for me this weekend. 「今週末はテレビなしね」と言っていることから，女の子は今週末に課題に取り組むことがわかるので，正解は**2**。

解答・解説

No. 17 　解答　1

☆：Hello, Izumi Electronics. How may I help you?
★：I'd like a catalog of your products. Could you mail me one?
☆：Yes, but please check our website, too. We have all our products on it.
★：Thanks. I'll check that out.

Question: Why is the man calling Izumi Electronics?

> ☆：もしもし，イズミ電機です。ご用件を承ります。
> ★：そちらの会社の製品カタログが欲しいのです。1冊私に送っていただけますか。
> ☆：承知いたしました。でも，私どものウェブサイトもご覧ください。すべての製品がそこに出ています。
> ★：ありがとう。調べてみます。
> 質問：男性はなぜイズミ電機に電話をかけているのですか。
> 　**1** 製品情報を求めるため。
> 　**2** 店の住所を知るため。
> 　**3** ウェブサイトを設計するため。
> 　**4** 返金を受けるため。

解説 電機メーカーの社員と客との電話での会話。男性の最初の発言 I'd like a catalog of your products. から製品のカタログを欲しがっていることがわかるので，正解は**1**。後半で社員が「製品はすべてウェブサイトに載っている」と言っていることからも製品の情報を得るのが用件だとわかる。

No. 18 　解答　1

★：Linda, can you send this sales report to the manager?
☆：Sure, Michael. I'll e-mail him right away.
★：Oh, and could you also call him to remind him of the meeting time?
☆：OK. I will do that later this morning.

Question: What is one thing Michael asks Linda to do?

> ★：リンダ，この営業報告書を部長に送ってくれる？
> ☆：了解，マイケル。すぐに部長にEメールをするわ。
> ★：ああ，それと会議時間の念押しに部長に電話をしてもらえるかな？
> ☆：わかったわ。今朝，後でそれをするわね。
> 質問：マイケルがリンダにするようにお願いしていることの1つは何ですか。
> 　**1** 部長に電話する。
> 　**2** マイケルにEメールを送る。
> 　**3** 営業報告書を受け取る。
> 　**4** 会議を中止する。

解説 同僚同士の会話。最初のやりとりでマイケルは営業報告書を部長に送ることをリンダに依頼していて，2回目のやりとりではそれに追加して会議があることの念押しのために部長に電話するようにお願いしている。後者の内容から，正解は**1**。

No. 19 解答 **4**

☆：Hey, did you hear that we're getting a new teacher?

★：Really? What happened to Ms. Yamamoto? I really liked her.

☆：Me too. I heard that she wants to move back to her hometown. Her mother is sick.

★：Oh, that's a shame. We should get her a gift before she leaves.

Question: What does the boy suggest they do?

That's a shame!は「それは残念！」という意味。

> ☆：ねえ，私たちに新しい先生が来るって聞いた？
> ★：本当？　ヤマモト先生はどうしたの？　僕は先生がすごく好きだったけど。
> ☆：私もよ。先生はご自分の故郷に戻りたがっているって聞いたわ。お母さんがご病気なのよ。
> ★：ああ，それは残念だね。先生が発つ前に贈り物をしようよ。
> 質問：男の子は何をすることを提案していますか。
>   **1** 先生の引っ越しを手伝う。
>   **2** 新しい先生を歓迎する。
>   **3** 母にアドバイスを求める。
>   **4** 先生に贈り物をする。

解説 友人同士の会話。最初のやりとりからヤマモト先生がいなくなることを聞き取る。2回目のやりとりでは，女の子がその理由を話し，男の子が最後に We should get her a gift before she leaves.「先生が発つ前に贈り物をしようよ」と提案していることから，正解は**4**。

No. 20 解答 **2**

★：Excuse me. Could you tell me the way to Western Park?

☆：Just turn around, and you'll be able to see it ahead of you.

★：Is it far away?

☆：No, just about a three-minute walk. It's beside the city library.

Question: What is the man's problem?

□ turn around
　Uターンする，後ろを向く

> ★：すみません。ウエスタン公園への道を教えていただけますか。
> ☆：Uターンをして進むだけで前に見えてきますよ。
> ★：遠いですか。
> ☆：いいえ，歩いて3分ほどです。市立図書館のそばです。
> 質問：男性の問題は何ですか。
>   **1** 公園が遠い。
>   **2** 公園が見つからない。
>   **3** 車を持っていない。
>   **4** 図書館が閉まっている。

解説 路上でたまたま出会った見知らぬ者同士の会話。冒頭の男性の発言から，男性が公園への道を尋ねているので，正解は**2**。「（公園は）遠いですか」と尋ねた男性に対して女性は「いいえ，歩いて3分ほどです」と答えているので，**1**は不適。**3**，**4**については，そのような内容は述べられていない。

21
日目

模擬テスト

No. 21　解答　4

Lisa enjoys visiting bookstores. She likes looking at the wide choice of books, but she especially likes the history books. Lisa can sometimes get information about new books from the store staff, and she enjoys the bookstores' quiet environment. When she buys a book, she enjoys taking it to a nearby café to read.

Question: What does Lisa like to do?

□ choice　選択の幅，選択

> リサは書店に行って楽しむ。彼女は幅広い品揃えの本を見るのが好きだが，特に歴史の本が好きだ。リサは店員から新刊本についての情報をもらうこともあり，書店の静かな環境を楽しんでいる。本を買うと，それを読むために近くのカフェに持っていって楽しむ。
> **質問：**リサは何をするのが好きですか。
> **1** 書店で友達に会うこと。
> **2** 歴史について店員と話すこと。
> **3** 環境を守ることについて学ぶこと。
> **4** 本を読むためにカフェに行くこと。

解説　書店好きのリサの話。リサの好きなことがいくつか説明されているので，注意しながら聞いていこう。最後に she enjoys taking it to a nearby café to read.「それを読むために近くのカフェに持っていって楽しむ」と述べているので，正解は**4**。**2**は，店員と話すのは about new books「新刊本について」と述べられているので不適。

No. 22　解答　2

Mr. and Mrs. Taylor have been to Europe, the United States, and Australia. Last summer, they wanted to go somewhere more exciting. So, they spent three weeks in Peru. They were amazed to see the high mountains and beautiful lakes. On their next vacation, they plan to travel to a similar place.

Question: What did Mr. and Mrs. Taylor do last summer?

□ similar　似ている

> テイラー夫妻はこれまでヨーロッパとアメリカ，オーストラリアに行ったことがある。この前の夏，彼らはもっとわくわくするような場所に行きたいと思った。それで彼らは3週間ペルーで過ごした。彼らは高い山と美しい湖を見て驚嘆した。次の休暇には，同じような場所に旅行するつもりである。
> **質問：**テイラー夫妻はこの前の夏，何をしましたか。
> **1** オーストラリア中を旅行した。
> **2** 景色の美しい場所を訪れた。
> **3** ヨーロッパの山に登った。
> **4** 大きな湖で泳いだ。

解説　テイラー夫妻の旅行についての話。これまでのことと，この前の夏のこと，今後のことを区別して聞いていこう。質問はこの前の夏のこと。後半部にペルーで3週間過ごしたと述べられ，They were amazed to see the high mountains and beautiful lakes.「高い山と美しい湖を見て驚嘆した」と述べられていることから，景色のきれいな場所を訪れたことがわかるので，正解は**2**。

No. 23 解答 **3**

You're listening to KTS Radio. Today is your last chance to win $1,000 dollars in our quiz about the city with Sam Jones. The quiz will start at 11:30, so get ready to call! Before that, at 10:30, we'll be playing some new music from local band The Lights. The news will be at 11:00, then it's quiz time! Stay tuned for your chance to win.

Question: What will happen at 11:30?

> Stay tuned. はテレビやラジオで用いられ，「チャンネルなどを変えないでそのままで」という意味。

> お聞きの放送はKTSラジオです。本日は，サム・ジョーンズと，市についてのクイズで1,000ドルを勝ち取る最後のチャンスです。クイズは11時30分に始まりますので，お電話の準備をお願いします！ その前に，10時30分に地元のバンドであるザ・ライツの新しい音楽をかけることになっています。ニュースは11時で，それからクイズの時間です！ 賞金を勝ち取るチャンスのために，お聞きの放送局はそのままでお願いします。
>
> 質問：11時30分に何がありますか。
> **1** バンドがライブで音楽を演奏する。
> **2** ニュース番組が始まる。
> **3** クイズがある。
> **4** インタビューがある。

解説 ラジオ放送で，賞品がもらえるクイズの紹介である。The quiz will start at 11:30「クイズは11時30分に始まる」から，正解は**3**。ここを聞き逃しても，次に出てくる「10時30分に音楽，11時にニュース，それからクイズ」が聞き取れれば，解答を推測できる。

No. 24 解答 **3**

Allen wanted to play on his school basketball team, but he thought he was too short. However, the coach told him to play because he knew that Allen could run fast and jump high. Allen believed what his coach said to him. He found out that he could play well with the tall players.

Question: Why wasn't Allen going to join the basketball team?

> アレンは学校のバスケットボールチームでプレイしたかったが，自分は身長が低すぎると思っていた。しかしながら，コーチは，アレンが速く走れて高くジャンプできることを知っていたので，彼にバスケットボールをやるように言った。アレンはコーチが彼に言ったことを信じた。彼は背が高い選手たちとうまくプレイできることがわかったのだ。
>
> 質問：アレンはなぜバスケットボールチームに加わろうとしなかったのですか。
> **1** コーチがそうしないように言った。
> **2** チームには十分な数のメンバーがいた。
> **3** 他の選手が自分より身長が高かった。
> **4** 試合がきつすぎた。

解説 アレンとバスケットボールの話。英文冒頭で，アレンはバスケットボールチームでプレイしたかったと述べられ，その後に but he thought he was too short「しかし，自分は身長が低すぎると思っていた」と述べられているので，正解は**3**。英文の最後に出てくる「彼は背が高い選手たちとうまくプレイできることがわかった」からも身長が問題であったことが推測できる。

No. 25　解答　4

The saola is a rare animal found in Vietnam and nearby countries. It looks like a brown deer with two long horns. However, it is related to goats and cows. The saola is very quiet and gentle. The saola sleeps in the daytime and travels alone or in small groups.

Question: What is one thing we learn about the saola?

> サオラはベトナムやその近隣の国々で見られる珍しい動物である。それは2つの長い角を持つ茶色のシカのように見える。しかし，それはヤギやウシと同族である。サオラはとても静かでおとなしい。サオラは日中に眠り，単独か小グループで移動する。
>
> 質問：サオラについてわかることの1つは何ですか。
> 　**1** ヤギやウシと一緒に移動する。
> 　**2** 通常，夜遅く寝る。
> 　**3** 幼年で角をなくす。
> 　**4** おとなしい動物である。

解説　saola「サオラ」という聞き慣れない名前の動物の説明である。中ほどに出てくる The saola is very quiet and gentle.「サオラはとても静かでおとなしい」から，正解は**4**。ほかに，ベトナムとその近隣の国で見られる，2本の角がある茶色のシカのよう，ヤギやウシと同族，日中に眠る，行動は単独か小グループのように，たくさんの情報が述べられている。

No. 26　解答　1

This morning, Rick looked outside and saw a lot of snow on the ground. His mother asked him to clean the snow away from the house so that his father could go to the office. After he finished, Rick decided to do it for his neighbor, too. His neighbor was very happy and gave Rick ten dollars for his work.

Question: What did Rick do today?

> 今朝，リックが外を見ると地面にたくさんの雪が積もっていた。彼の母親は彼に，父親が会社に行けるように家の敷地の雪かきをするよう頼んだ。リックは，やり終えると，それを隣人のためにもやってあげることにした。隣人はとても喜んで，その仕事に対してリックに10ドルをくれた。
>
> 質問：今日，リックは何をしましたか。
> 　**1** 隣人のために作業をした。
> 　**2** 父親と一緒に会社へ行った。
> 　**3** 車の雪を取り除いた。
> 　**4** 母親から10ドルをもらった。

解説　雪の日の朝のリックの話。後半部分にある Rick decided to do it for his neighbor, too「それを隣人にもやってあげることにした」より，正解は**1**。このdo itとは「家の雪かきをする」ことである。最後に出てくる「隣人はとても喜んで，その仕事に対してリックに10ドルをくれた」もヒントになる。

No. 27　解答　4

Emiko takes the subway to the office every morning. Last month, she began riding it at different times. She left one hour earlier each morning and came home one hour later. The subway was not crowded at those times, so she could sit down. She is happy because this change has made her life more comfortable.

Question: What did Emiko do last month?

> エミコは毎朝地下鉄に乗って会社に通勤している。先月，彼女は別の時間に地下鉄に乗り始めた。毎朝1時間早く家を出て，1時間遅く帰宅したのである。その時間には地下鉄が混んでいなかったので，彼女は座ることができた。この変更のために生活がより快適になり，エミコは喜んでいる。
> **質問：**エミコは先月何をしましたか。
>   **1** 新しい地下鉄の線に乗った。
>   **2** 定時に仕事を終えた。
>   **3** 夜にいつもより早く寝た。
>   **4** 列車に乗る時間を変えた。

解説　エミコの地下鉄通勤の話。最初の方に出てくる Last month, she began riding it at different times.「先月，彼女は別の時間にそれ（＝地下鉄）に乗り始めた」から，正解は**4**。後に出てくる「1時間早く出て1時間遅く帰宅した」や「その時間は地下鉄が混んでいなかった」からも，通勤時間を変えたことがわかる。

No. 28　解答　3

Attention, please. We will be closing in half an hour. Please make sure that you check out any items that you would like to borrow before we close. Books and magazines can be checked out for two weeks, and CDs and DVDs, for three days. Please go to the front desk to check out your selections. Thank you.

Question: Where is this announcement taking place?

> お知らせいたします。あと30分で閉館になります。お借りになりたいものについては閉館前に必ず借り出すようにしてください。本と雑誌は2週間，CDとDVDは3日間借り出せます。お選びになったものの借り出しには正面のデスクへお越しください。よろしくお願いします。
> **質問：**このお知らせはどこでなされていますか。
>   **1** 音楽店で。
>   **2** 中古品店で。
>   **3** 図書館で。
>   **4** 書店で。

解説　冒頭の Attention, please. からアナウンスだと判断する。質問はアナウンス全体からそれが行われている場所を問うものである。any items that you would like to borrow「借りたいものは何でも」や「本や雑誌は2週間，CDやDVDは3日間」とあること，複数回出てくる check out ～「（本など）を借り出す」から，図書館での貸し出しについてのお知らせだとわかる。

21
日目

模擬テスト

□ sports announcer
　スポーツの実況中継者

□ technique　技術

□ be allowed to *do*
　～することを認められる

No. 29　解答　2

Johnny plans to be a sports announcer when he grows up. Whenever he watches sports on TV, he turns off the sound and announces the plays himself. Johnny's friends think he is very good at it. This summer, Johnny will go to a camp for sports announcing. There, he will learn many techniques in order to announce better.

Question: What does Johnny do when he watches TV?

> ジョニーは大人になったらスポーツの実況中継者になるつもりである。彼は，テレビでスポーツを見るときにはいつでも，音を切って自分でプレイを実況中継する。ジョニーの友人たちは，彼はそれがとても上手だと思っている。今度の夏，ジョニーはスポーツ実況中継のための合宿に行くつもりである。そこで，彼はもっとうまく実況中継をするために多くの技術を学ぶことだろう。
>
> 質問：ジョニーはテレビを見るとき何をしますか。
> 　1　実況中継者の言葉を繰り返す。
> 　2　実況中継者のふりをする。
> 　3　友達に実況中継について教える。
> 　4　実況中継者の技術について家族に話す。

解説　ジョニーが将来スポーツ実況中継者になりたがっているという話。最初に彼がテレビでスポーツを見るときのことについて述べられていて，そこの he turns off the sound and announces the plays himself「音を切って自分でプレイを実況中継する」から，正解は**2**。pretend to *do* は「～するふりをする」という意味である。

No. 30　解答　2

San Marino is a tiny country in Europe, and it uses the euro as its money. Each country using the euro is allowed to place its own designs on one side of their euro coins. Only a small number of San Marino euro coins exist, so they are popular with coin collectors around the world.

Question: Why are the euro coins in San Marino special to coin collectors?

> サンマリノはヨーロッパの小さな国であり，ユーロを通貨として使用している。ユーロを使う国は，自国のユーロ硬貨の片面に独自のデザインを施すことが認められている。サンマリノのユーロ硬貨は少数しか存在しないので，世界中の硬貨収集家の間で人気となっている。
>
> 質問：サンマリノのユーロ硬貨は硬貨収集家にとってなぜ特別なのですか。
> 　1　一番初めに作られたユーロだった。
> 　2　世界であまり数が多くない。
> 　3　通常のユーロよりも小さい。
> 　4　片面に模様がない。

解説　小国サンマリノのユーロ硬貨についての話。最後の文 Only a small number of San Marino euro coins exist, so they are popular with coin collectors around the world.「サンマリノのユーロ硬貨は少数しか存在しないので，世界中の硬貨収集家の間で人気となっている」から，正解は**2**。

MEMO

面接試験を攻略！

今日の目標

英検ではスピーキングテストとして面接試験がある。試験形式は毎回同じなので事前に必ず試験パターンをおさえておこう。試験のイメージがつかめれば安心して試験に臨める。

面接はこんな試験！

① **入室とあいさつ**

係員の指示に従い，面接室に入る。あいさつをしてから，面接委員に面接カードを手渡し，指示に従って，着席しよう。

↓

② **氏名と受験級の確認**

面接委員が自分の名前を言ってから，あなたの氏名と受験する級の確認をする。その後，How are you?のような簡単なあいさつをして，いよいよ試験開始。

↓

③ **問題カードの黙読**

英文とイラストが印刷された問題カードを手渡される。まず，英文を20秒で黙読するよう指示される。英文の分量は50語程度。

↓

④ **問題カードの音読**

黙読時間の20秒が経過すると英文を音読するように指示されるので，タイトルから読み始めよう。単語の発音・アクセント，イントネーション，意味の区切りに注意する。時間制限はないので，焦らずゆっくりと，はっきりとした声で読もう。

↓

⑤ **5つの質問**

音読の後，面接委員の5つの質問に答える。No. 1～3は問題カードの英文とイラストについての質問，No. 4・5は受験者自身の意見を問う質問である。No. 3の質問の後，カードを裏返すように指示される。No. 4・No. 5を答えるときには，アイコンタクトに注意しよう。

↓

⑥ **カード返却と退室**

試験が終了したら，問題カードを面接委員に返却し，あいさつをして退室する。

英検S-CBTについて

英検S-CBTはコンピュータを使って受験する実施方式。面接試験も，対面式ではなく，パソコンとマイクを使用した録音式になる。入室・退室のあいさつや，氏名と受験級の確認はなくなるが，出題される問題の形式と進行は共通である。

ポイント0　面接試験のイメージ作り

面接のシミュレーションをして試験のイメージをつかもう

　英検の面接試験には各級ごとに一定のパターンがある。例えば，イラストを利用した質問では，準2級は3級とは違う形式の問題が出題される。さらに，No. 2では現在進行形を使って5つの動作を説明するなど，期待される答え方も決まっている。試験で慌てないためにも，必ず事前に面接試験を実際に一通り練習してみて，試験の流れに関して自分なりのイメージを作っておこう。

ポイント1　パッセージ黙読時のポイント

わからない単語は推察力で

　カードを渡されたら，英文を一通り最初から読んでいく。まずは次の音読に備えて単語の発音を確認しておこう。英文の中に自分の知らない単語が出てきても決して慌てず，スペリングから最大限の推察力を駆使して読み方を考えておけばよい。

後半部のby doing soや in this way, soに注意する

　黙読時には，全体の意味も大まかにおさえておく必要があるが，特に重要なのは後半部に出てくるby doing so「そうすることによって」やin this way「このようにして」，so「それで」などの表現である。それらの表現が出てきたら，それに続く部分とその前にある部分との関係がどうなっているかつかんでおきたい。

ポイント2　パッセージ音読時の攻略法

意味の区切りを意識しながら読もう

　単語の発音・アクセント，文のイントネーションが大事なのは言うまでもないが，意外に盲点なのが「意味の区切り」。音読時には意味のまとまりに気をつけながら読むように心がけよう。そうすることによって，黙読時に大まかにとらえた全体の意味が音読を通じてよりはっきりしてくる。

ポイント3　質問No. 1の攻略法

キーとなる表現の前の部分が答えるべき箇所

　パッセージの後半部にはby doing so「そうすることによって」やin this way「このように」，so「それで」などのキー表現が出てくることが多い。質問はその後の部分であることを確認して，答えるときにはキー表現の前の部分を答える。質問はWhy 〜?かHow 〜?だが，Why 〜?の場合には主語を代名詞に直すことを忘れないようにし，How 〜?の場合にはBy *doing* 〜. で答えるようにする。

ポイント4　質問No. 2の攻略法

現在進行形〈be + *doing*〉の文を正しく作る

　イラストAに描かれている5つの動作を，現在進行形を用いて説明する。主語はA man / A woman / A boy / A girl / Two 〜である。動詞に注意が向いてしまうためかbe動詞を落としてしまうミスに陥りやすいので気をつけよう。また，イラストに描かれる動作はある程度決まっているので，過去に出題された問題や予想問題などを利用して，この部分だけでも練習しておくと効率的な試験対策となる。

ポイント5 　質問No. 3の攻略法

説明すべきことは2つある

　質問は，Now, look at the boy in Picture B. ...などで始まるので，まず，下線の部分に注意して誰についての質問か確認する。説明すべき点は2点（今の状況と，その理由や原因など）あるので，2文を接続詞でつなぐ形で答えよう。吹き出しが描かれていることも多いが，その時にはHe is thinking of *doing* 〜. 「〜しようと考えている」，やHe wants to *do* 〜. 「〜したいと思っている」などと説明すればよい。

ポイント6 　質問No. 4 & 5の攻略法

理由・説明は2文程度で

　No. 3が終わると，面接カードを裏返すように指示される。準2級のNo. 4とNo. 5は，3級のNo. 5と同じように，まず，質問にYes / Noで答え，その後でその理由や詳しい説明が求められる。ただし，準2級では，理由や説明は1文ではなく2文程度で答えることが求められていることに注意しよう。〜. Also, ... 「〜。また，…」などと，1つ説明が終わったら，Alsoなどで2つ目の説明を始めるのも1つの手である。

ポイント7 　アティチュードも大事

明瞭な声ではっきりと話そう

　英検では面接試験全体を通してのコミュニケーションに対する姿勢や態度（アティチュード）も評価される。相手といいコミュニケーションをとるためには，明るく，積極的に，友好的な態度で臨むこと大事である。そのためにはまず，明瞭な声ではっきりと話すこと。アイコンタクトや「聞く姿勢」にも気をつけよう。

Learning Programming

Today, programming is a required subject in elementary schools in Japan. Schools provide computers to students so that they can understand how to use them. Students learn to solve problems through programming, and in this way, they can gain logical thinking skills. Programming skills will become more necessary in the future.

A

B

▌Questions

No. 1 According to the passage, how can students gain logical thinking skills?

No. 2 Now, please look at the people in Picture A. They are doing different things. Tell me as much as you can about what they are doing.

No. 3 Now, look at the woman in Picture B. Please describe the situation.

Now, Mr. / Ms.—, please turn over the card and put it down.

No. 4 Do you think students should study abroad to learn English?
　　　　Yes. → Why?
　　　　No. → Why not?

No. 5 These days, more and more people read e-books rather than paper books. Do you like to read e-books?
　　　　Yes. → Please tell me more.
　　　　No. → Why not?

🔊 102〜105

プログラミングを学ぶ

今日，日本の小学校ではプログラミングが必修教科である。学校は，生徒たちがコンピュータの使い方を理解できるように，彼らにそれらを与えている。生徒たちはプログラミングを通して問題を解決することを学んでおり，このようにして，彼らは論理的思考力を獲得できるのである。プログラミングの技術は今後もっと必要になることだろう。

No. 1 パッセージによると，生徒はどのようにして論理的思考力を獲得できるのですか。

No. 2 さて，Aの絵の人々を見てください。彼らはいろいろなことをしています。彼らが何をしているのか，できるだけたくさん説明してください。

No. 3 さて，Bの絵の女性を見てください。この状況を説明してください。
それでは，〜さん，カードを裏返しにして置いてください。

No. 4 生徒は英語を学ぶために留学すべきだと思いますか。
Yes. → なぜですか。
No. → なぜですか。

No. 5 最近，ますます多くの人が紙の本よりもむしろ電子書籍を読んでいます。
あなたは電子書籍を読むのが好きですか。
Yes. → もっと教えてください。
No. → なぜですか。

音読のアドバイス 意味の区切りには短くポーズを置く。ポーズはピリオドやコンマのあるところで置くほかに，第2文では so that の前にも置こう。また，to students や through programming，in the future などは〈前置詞＋名詞〉で意味のまとまりがあるので，一気に読むようにする。注意すべき発音は required [rɪkwáɪərd]，through [θru:]。elementary [èlɪméntəri] や necessary [nésəsèri] はアクセントに注意しよう。

No. 1

解答例

By learning to solve problems through programming.

プログラミングを通して問題を解決することを学ぶことによってです。

解説 パッセージの第3文の中ほどに出てくる in this way「このようにして」に注目しよう。質問の gain logical thinking skills はこの後に出てくる。this way の指す部分がこの前の部分 learn to solve problems through programming であることを見抜く。質問は how 〜? なので，By learning .... と答えればよい。

面
接

No. 2

解答例

A woman is watering (some) flowers.
A man is lifting a box.
A woman is painting a wall.
A girl is walking a dog.
Two boys are waving (to each other).

> 女性が花に水をやっています。
> 男性が箱を持ち上げています。
> 女性が壁にペンキを塗っています。
> 女の子が犬を散歩させています。
> 2人の男の子が（お互いに）手を振っています。

解説 「（花など）に水をやる」はwaterだが，give some water to ～と表現することもできる。walk a dogは「犬を散歩させる」という意味。「手を振る」はwaveだが，「お互いにあいさつ［さようなら］をしている」と考えて，say hi [good-bye] to each otherを用いて表現してもよい。

No. 3

解答例

She wants to wash the car because it is dirty.

> 車が汚いので，彼女は洗車したいと思っています。

解説 質問にlook at the woman in Picture Bとあるので，女性に着目する。吹き出しから，「女性は洗車したいと思っている」ことと，その理由は「車が汚い」からだということの2点を説明する。The car is dirty, so she is thinking of washing it.「車が汚いので，彼女は洗車しようと考えている」のようにsoを用いて答えてもよい。

No. 4

解答例 (Yes.と答えた場合)

Studying abroad helps students learn English faster. Also, it's a good opportunity to make friends around the world.

> 留学することは生徒たちが英語をよりはやく学ぶことに役立ちます。また，それは世界中に友達を作るいい機会になります。

解答例 (No.と答えた場合)

Today, students can learn English online. In fact, there are some online English classes that are not expensive.

> 今日，生徒はオンラインで英語を学べます。実際に，費用が高くないオンラインでの英語の授業がいくつかあります。

解説 No. 4（とNo. 5）では，解答例にあるように，2文程度で答えることに注意しよう。Yesの場合には，「英語を学べる」「友達ができる」のほかに「文化を学べる」「将来の職業に役立つ」など，留学のメリットを説明することになるだろう。Noの場合には，「費用が高い」「病気になったときに困る」など留学の問題点を指摘するほかに「日本でも十分に学べる」なども考えられる。

No. 5

解答例 （Yes.と答えた場合）

I often read e-books because they are easier to carry. Also, I can look for information in e-books easily.

> 私は，電子書籍の方が運びやすいので電子書籍をよく読みます。また，電子書籍では簡単に情報を探すことができます。

解答例 （No.と答えた場合）

I'm not good at using electronic devices. I like to read paper books in a library.

> 私は電子デバイスを使うのが得意ではありません。私は図書館で紙の本を読むのが好きです。

解説 No. 5では，この問題のように，まず最近の一般的な傾向が示され，その後で「あなたは～しますか」という形で受験者自身について質問されることが多い。Yesの場合には，具体的に自分が最近読んだ電子書籍を紹介して，そのとき紙の本と比べてどんな点がよかったかを説明してもいいだろう。Noの場合には，「読書は好きではない」と言って，I usually play games in my free time.「私は時間がある時にはたいていゲームをします」などと読書以外のことに話題を変えて答えるのも1つの方法である。

面
接

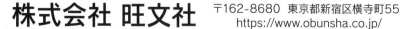

準2級 実力完成模擬テスト 解答用紙

筆記解答欄

問題番号		1	2	3	4
1	(1)	①	②	③	④
	(2)	①	②	③	④
	(3)	①	②	③	④
	(4)	①	②	③	④
	(5)	①	②	③	④
	(6)	①	②	③	④
	(7)	①	②	③	④
	(8)	①	②	③	④
	(9)	①	②	③	④
	(10)	①	②	③	④
	(11)	①	②	③	④
	(12)	①	②	③	④
	(13)	①	②	③	④
	(14)	①	②	③	④
	(15)	①	②	③	④

筆記解答欄

問題番号		1	2	3	4
2	(16)	①	②	③	④
	(17)	①	②	③	④
	(18)	①	②	③	④
	(19)	①	②	③	④
	(20)	①	②	③	④
3	(21)	①	②	③	④
	(22)	①	②	③	④
4	(23)	①	②	③	④
	(24)	①	②	③	④
	(25)	①	②	③	④
	(26)	①	②	③	④
	(27)	①	②	③	④
	(28)	①	②	③	④
	(29)	①	②	③	④

※筆記5・筆記6の解答欄は2枚目にあります。

リスニング解答欄

問題番号		1	2	3	4
第1部	No. 1	①	②	③	
	No. 2	①	②	③	
	No. 3	①	②	③	
	No. 4	①	②	③	
	No. 5	①	②	③	
	No. 6	①	②	③	
	No. 7	①	②	③	
	No. 8	①	②	③	
	No. 9	①	②	③	
	No. 10	①	②	③	
第2部	No. 11	①	②	③	④
	No. 12	①	②	③	④
	No. 13	①	②	③	④
	No. 14	①	②	③	④
	No. 15	①	②	③	④
	No. 16	①	②	③	④
	No. 17	①	②	③	④
	No. 18	①	②	③	④
	No. 19	①	②	③	④
	No. 20	①	②	③	④
第3部	No. 21	①	②	③	④
	No. 22	①	②	③	④
	No. 23	①	②	③	④
	No. 24	①	②	③	④
	No. 25	①	②	③	④
	No. 26	①	②	③	④
	No. 27	①	②	③	④
	No. 28	①	②	③	④
	No. 29	①	②	③	④
	No. 30	①	②	③	④

※実際の解答用紙に似せていますが，デザイン・サイズは異なります。

・太枠に囲まれた部分のみが採点の対象です。
・指示事項を守り，文字は，はっきりと分かりやすく，濃く，書いてください。
・数字の1と小文字のl（エル），数字の2とZ（ゼット）など似ている文字は，判別できるよう書いて
　ください。
・消しゴムで消す場合は，消しくず，消し残しがないようしっかりと消してください。
・解答が英語以外の言語を用いている，質問と関係がない，テストの趣旨に反すると判断された場合，
　0点と採点される可能性があります。

5 Eメール解答欄

語数の目安は40～50語です。

| |
| |
| |
| |
| 5 |
| |
| |
| |
| 10 |
| |
| |
| |
| 15 |

※筆記6の解答欄は裏面にあります。

6 英作文解答欄

語数の目安は50〜60語です。